♥ 초등학생이 꼭 알아야 할 디지털 매너

# 스마트폰이 생겼어요

사사키 나루미 감수 | 박중현 한국어판 감수 | 문영은 옮김

## 꼭 알아야 할 디지털 매너를 익혀
## 재미있고 안전한 스마트폰 세상을 만들어요

여러분은 스마트폰에 대해서 얼마나 알고 있나요? 그저 재미있고 편리한 도구로만 여기고 있는 건 아닌가요? 나만의 스마트폰을 가지려면 스마트폰에 대해 잘 알고 제대로 쓰는 법을 익혀야 해요. 스마트폰이 편리하고 유용한 만큼 위험한 일에 노출되기 쉽기 때문이죠.

스마트폰은 다양한 기능이 있어요. 게임을 할 수 있고 동영상을 보거나 궁금한 것을 인터넷을 이용해 쉽게 검색할 수 있어요. 그 밖의 재미있는 기능이 많아 일상이 풍요로워지죠. 그리고 언제든지 다른 나라 사람들과 쉽게 연락할 수 있는 SNS를 할 수 있지요. SNS를 하려고 스마트폰을 가지고 싶어 하는 친구들도 많을 거예요. 하지만 나이 제한이 있어서 여러분이 가입할 수 없는 SNS가 더 많아요. 그래서 나이를 속이거나 보호자나 다른 어른의 계정으로 SNS를 하는 친구들도 있지요. 이런 점을 이용해 여러분에게 나쁜 일을 하려는 위험한 사람들이 많아요.

스마트폰으로 인해 벌어지는 안타까운 사건들이 끊이지 않아요. 최근 들어 더 많아지고, 더 심해졌어요. 이 책에서는 스마트폰과 관련된 다양한 수사를 해 온 형사 출신의 레오 선생님이 초등학생이 알아 두면 좋은 스마트폰 범죄 예방 지식을 알려 줘요. 스마트폰을 이용해서 일어나는 여러 가지 범죄 유형을 소개하고 예방법도 같이 안내해요.

자기 자신을 지키기 위해서는 스마트폰에 대해 제대로 알아야 해요. 올바른 지식만이 여러분을 지킬 수 있어요. 물론 그전에 내가 스마트폰을 가져도 될 만큼 자신의 행동을 책임질 수 있는 사람인지 생각해 보는 게 무엇보다 중요하답니다.

그럼 이제 알아 두면 쓸모 있고, 모르면 위험한 스마트폰의 세계를 함께 들여다볼까요?

# 차례

시작하며 2
나오는 사람들 6

## 드디어 스마트폰이 생겼다! 7
스마트 기기는 어떻게 작동하나요? 13   SNS는 왜 인기가 있을까요? 14

## 우리 정말 친구가 될 수 있을까? | 친절한 SNS 가짜 친구 17
모르면 위험한 SNS의 세계 26   늘어나는 디지털 성범죄 28
디지털 성범죄로부터 안전해지기 위해 32

## 몰라, 나도 그냥 어디서 들었어! | 나쁜 소문을 만드는 얼굴 없는 사람 39
'악성 댓글'이 뭐예요? 48   악성 댓글은 또 다른 악성 댓글을 불러요! 50
악성 댓글도 범죄가 되나요? 52   만약 악성 댓글의 피해자가 된다면 54
악성 댓글을 남기지 않기 위한 마음가짐 56
`더 알아보기` 올바른 정보인지 판단하는 방법 58

## 친구라고 생각했는데… | 무서운 단톡방 친구들 61
사이버 폭력이란 무엇일까요? 70   이런 일을 당하면 어떨까요? 72
괴롭힘을 막자! 74   사이버 폭력을 당하면 어떻게 해야 하나요? 76

## 내 개인 정보를 지키는 디지털 상식 | 수상한 문자를 계속 보내는 사람 79
인터넷에 개인 정보를 올리면 어떻게 되나요? 88  인터넷 범죄 수법 91
악성 애플리케이션이나 바이러스도 조심하세요! 95

> **더 알아보기** 온라인 게임을 할 때도 조심! 99

## 나도 가해자가 될 수 있다고? | 꼭 알아 둬야 할 인터넷 규칙 105
친구와 찍은 사진은 마음대로 올리지 마세요!_초상권 106
만화책을 사진으로 찍어 올리면 안 돼요!_저작권 110
불법 복제 사이트에 주의하세요! 114  불건전한 동영상을 즐기지 마세요! 118

> **더 알아보기** 스마트폰 사용 규칙을 가족과 함께 정해요! 125

## 도대체 누가 수상한 사람일까? | 온 가족이 알아 두면 좋은 범죄 상식 127
위험한 장소는 어디일까요? 136  우리 동네 안전 지도를 만들자! 138
나의 안전은 내가 지켜요! 140  만일의 사태에 대비해 미리 알아 두세요 142

> **더 알아보기** 곤란한 문제가 있을 때, 상담받을 수 있는 곳 144

마치며 146

## 나오는 사람들

### ♥ 정하윤(13세) ♥
초등학교 6학년. 아이돌을 좋아해서 SNS에서 아이돌을 좋아하는 친구들과 대화하거나 사진을 찍는 것을 좋아한다.

### ♥ 김유이(13세) ♥
초등학교 6학년. 차분하고 밝은 성격으로 스마트폰으로 이것저것 재미있게 즐기고 있지만, 한편으로 문제가 생기지 않을까 걱정한다.

### ♥ 이도진(13세) ♥
초등학교 6학년. 게임을 좋아하고 솔직하지만 가끔 덜렁대기도 한다. 스마트폰으로 게임을 하거나 재미있는 동영상을 보는 것을 즐긴다.

### ♥ 강하루(13세) ♥
초등학교 6학년. 학원에 가기 위해 스마트폰을 샀지만, 게임이나 피규어 웹 사이트를 구경하는 것을 좋아한다.

### ♥ 레오 선생님 ♥
전직 형사. 경찰청에서 사이버 범죄 수사를 담당했다. 어린이를 범죄의 위험으로부터 지키기 위해 스마트폰과 SNS 범죄 예방 지식을 알려 준다.

---

SNS를 이용할 수 있는 나이는 대부분 만 13세 이상이므로(15쪽 참조) 규정에 맞게 이용해야 합니다. 이 책에서는 초등학생이 알아 두어야 할 지식을 소개하기 위해 초등학생이 SNS를 사용하는 장면이 등장합니다.

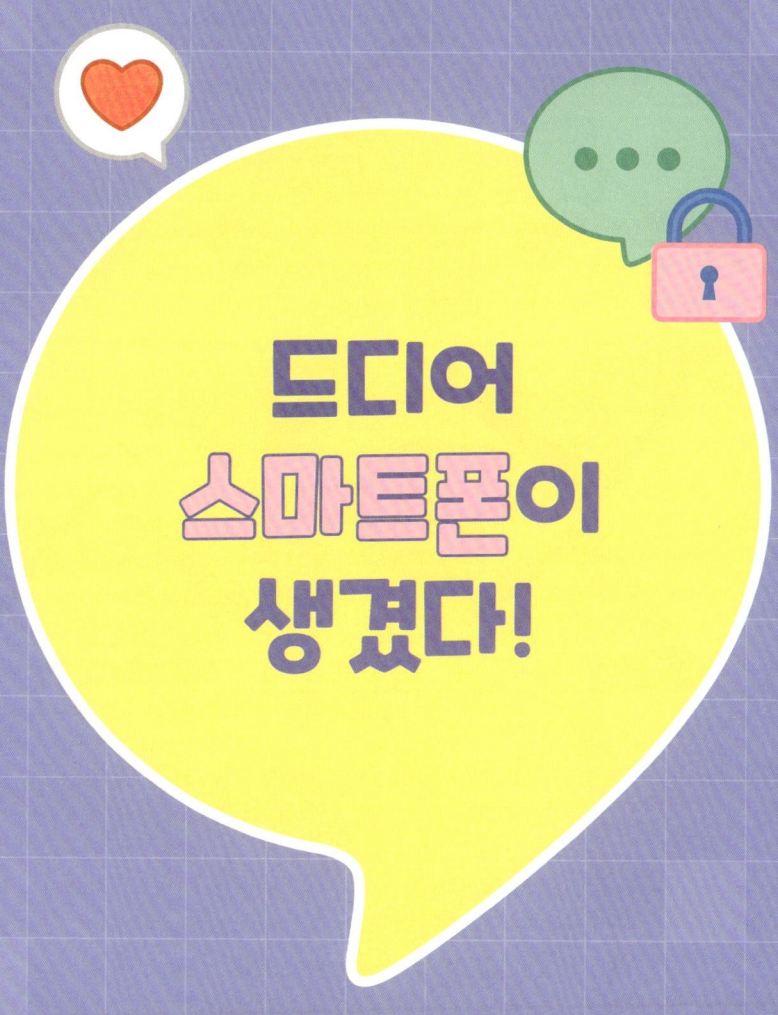

# 드디어 스마트폰이 생겼다!

스마트폰은 매우 편리해요. 궁금한 것을 바로 찾아볼 수 있고, 필요할 때 어디든 쉽게 연락할 수 있거든요. 하지만 그만큼 위험한 일이 생기기도 쉬워요. 스마트폰에 대해 자세히 살펴보고 무엇을 조심해야 하는지 알아 두세요.

# 스마트 기기는 어떻게 작동하나요?

## 스마트 기기 전용 프로그램이 있어요

스마트폰이나 태블릿 PC 같은 스마트 기기에는 컴퓨터를 작동하게 하는 프로그램 역할을 하는 'OS'가 들어 있어요. 그래서 컴퓨터처럼 여러 가지 프로그램과 인터넷을 사용할 수 있지요. 또 다양한 애플리케이션으로 사진을 찍고 동영상이나 게임, 음악 등을 즐길 수 있어요.

### 스마트폰

소형 컴퓨터에 통신 기능을 더한 기계로 주로 사용하는 OS는 'iOS'와 '안드로이드'예요.

### 태블릿 PC

스마트폰보다 화면이 커서 보기 좋아요. 통화 기능이 없는 것도 있어요. 키보드를 연결하면 컴퓨터처럼 사용할 수 있어요.

음악 / 동영상 / 문자 / 전화·메일 / 사진 / 게임 / 인터넷 / 메신저·채팅

스마트 기기는 잘 사용하면 매우 유용해요!

# SNS는 왜 인기가 있을까요?

## SNS로 세계 곳곳의 여러 사람과 쉽게 연락할 수 있어요

'SNS'란 Social Networking Service의 머리글자를 딴 표현으로 사람들끼리 서로의 활동을 나누는 온라인 서비스예요. 인터넷에 사진이나 글을 올리면 비슷한 관심사를 가진 사람과 쉽게 연결되고, 여러 사람과 정보를 나눌 수 있어요.

## SNS를 시작하기 전에 알아 두세요

### 계정 등록

계정(account)이란 스마트폰이나 컴퓨터를 사용할 때, 누가 사용하는지를 확인하기 위한 것이에요. 회원 정보와도 같은 것이죠. SNS 서비스마다 각각의 계정이 필요해요. SNS에서는 마음에 드는 다른 사람의 계정을 팔로우하거나, 다른 누군가가 여러분의 계정을 팔로우할 수 있어요.

### 아이디와 비밀번호

계정을 등록하려면 아이디와 비밀번호가 필요해요. 아이디는 이름과 같은 것이고, 비밀번호는 본인이 맞는지를 확인하기 위한 열쇠와 같은 것이에요. 다른 사람에게 아이디와 비밀번호를 알려 주면 나쁘게 사용될 수 있으므로 절대로 알려 줘선 안 돼요.

## SNS는 여러 종류가 있어요

### Twitter 트위터

한글 기준 최대 140자까지 하고 싶은 말을 전할 수 있는 SNS. 누군가의 게시글에 '좋아요'를 눌러 응원하기도 하고 내 계정에 올려 퍼트릴 수 있어요. ※ 만 13세 이상 이용

### TikTok 틱톡

3분 이하의 짧은 동영상을 올릴 수 있는 동영상 전용 SNS. 가볍게 동영상을 올릴 수 있어 10~20대들 사이에서 인기를 얻고 있어요. ※ 만 13세 이상 이용

### Facebook 페이스북

사진이나 동영상으로 정보를 나눌 수 있으며, 실명으로 등록할 필요가 없어요. 친구의 친구와 연결하거나 그룹을 만들어 대인 관계를 넓힐 수 있어요. ※ 만 13세 이상 이용

### Instagram 인스타그램

사진이나 동영상을 주로 올리는 SNS. 개인뿐만 아니라 기업이나 유명인의 공식 계정이 많아서, 그들의 일상을 엿보는 재미도 있어요. ※ 만 13세 이상 이용

### LINE 라인

무료로 메시지를 주고받거나 통화할 수 있어요. 자주 연락하는 친구들과 그룹을 만들어 동시에 메시지를 주고받을 수도 있답니다. ※ 만 12세 이상 권장(기능 제한 있음)

### Kakao Talk 카카오톡

무료로 메시지를 주고받거나 통화할 수 있어요. 친구들과 그룹을 만들 수도 있지요. 사진을 주로 올리는 Kakao Story도 이용할 수 있어요. ※ 만 12세 이상 권장(기능 제한 있음)

### Youtube 유튜브

동영상을 자유롭게 올리거나 볼 수 있는 세계 최대 규모의 비디오 플랫폼. 전 세계 사람들과 콘텐츠를 공유하고 댓글이나 실시간 방송으로 소통할 수 있어요. ※ 영상에 따라 연령 제한 있음

### Discord 디스코드

게임을 좋아하는 친구들과 화상, 음성 통화 기능을 지원하는 SNS. 이용하는 사람이 1억 4,000만 명이 넘어요. 우리나라에서는 게임을 좋아하는 청소년들이 많이 이용하고 있어요. ※ 만 13세 이상 이용

## 이것만은 꼭 기억해요

1. 스마트폰이나 SNS는 매우 편리하지만, 위험할 수 있다는 사실을 잊어서는 안 돼요.

2. 인터넷에는 정보가 넘쳐 나요. 옳은 정보는 물론이고 틀린 정보도 많아요.

3. SNS에서는 관심사가 비슷한 세계 곳곳의 사람들과 연락할 수 있어요.

4. 다른 사람에게 SNS 아이디와 비밀번호를 절대로 알려 줘선 안 돼요.

5. SNS마다 이용할 수 있는 나이가 정해져 있어요. 반드시 이용 나이를 지켜 주세요.

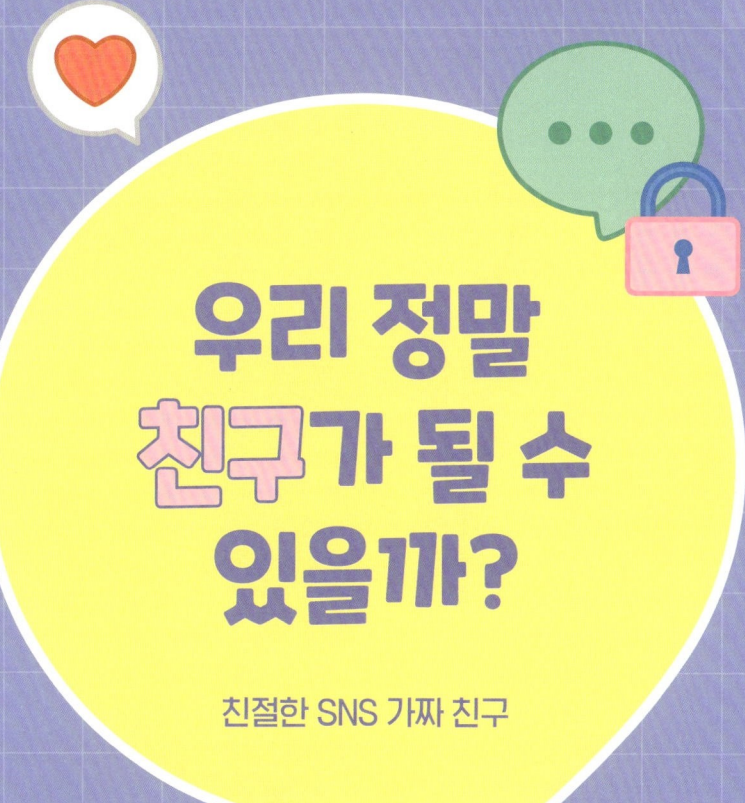

# 우리 정말 친구가 될 수 있을까?

### 친절한 SNS 가짜 친구

SNS에서는 프로필에 거짓 정보를 쓸 수 있어요. 친구라고 생각했던 상대방이 실제로는 나이가 많은 어른일 수도 있답니다. 나쁜 마음을 먹고 일부러 접근하는 사람을 제대로 가려낼 수 있어야 해요.

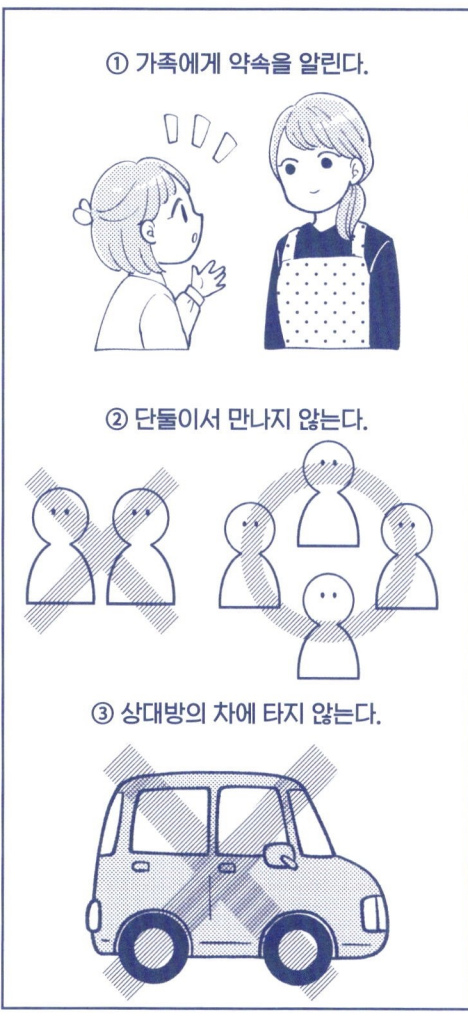

# 모르면 위험한 SNS의 세계

## 프로필에 거짓 정보를 쓸 수도 있어요

대다수의 SNS는 본인임을 증명하지 않고도 계정을 만들 수 있어요. 그래서 나쁜 마음을 품고 나이나 성별을 거짓으로 써 두거나, 다른 사람의 사진을 프로필에 올리는 사람도 있답니다. 프로필에 적힌 내용을 완전히 믿으면 안 돼요.

## 모르는 사람이 내 개인 정보를 알 수 있어요

SNS에 올리는 게시물로 이름이나 사는 곳, 학교 이름 같은 개인 정보를 다른 사람이 알게 될 수도 있어요. 공개하지 않으려 해도 대화 내용이나 사진 등에서 개인 정보가 드러날 수 있으므로, 게시물을 올릴 때 주의를 기울여야 해요.

### 개인 정보란 무엇인가요?

본명이나 주소, 전화번호, 생년월일, 메일 주소, 학교 이름, 얼굴 사진 등 그 사람이 어디에 사는 누구인지를 특정할 수 있는 정보를 개인 정보라고 해요. 자신의 개인 정보뿐만 아니라 가족이나 친구 등, 주변 사람의 개인 정보도 알려 주면 안 돼요.

## 인터넷에 공개된 정보는 지우기 힘들어요

한번 인터넷에 공개된 게시물은 지우기 어려워요. 지웠다고 해도 이미 메시지나 사진, 동영상 등을 본 사람이 있거나, 화면을 캡처해 스크린 숏으로 보관할 수 있어 정보가 순식간에 퍼질 수 있어요.

### '디지털 낙인'으로 고통받는 피해자를 생각해야 해요

누군가는 악의적인 사진이나 가짜 뉴스를 인터넷이나 SNS에 올린 뒤 지우지 않고 계속 올려 두기도 해요. 인터넷에 한번 공개된 게시물이나 사진, 동영상 등의 데이터를 삭제하려면 시간이 많이 걸려요. 이런 정보들로 인해 오랫동안 고통받는 사람들이 많이 있어요.

#### 불법 촬영물 피해도 늘고 있어요!

사귀던 친구에게 앙심을 품고 친구가 꺼리는 노출 사진이나 동영상을 동의 없이 무단으로 촬영해 공개하고 유포하는 불법 촬영물 피해 사례가 늘고 있어요. 지금도 이와 같은 범죄를 처벌하는 법이 있지만, 더 강력한 처벌을 위해 불법 촬영물 제작과 유통 그리고 시청을 금지하는 법이 만들어졌어요. 불법 촬영물 피해를 예방하는 가장 좋은 방법은 어떤 상대와도 성적인 사진이나 동영상을 찍지 않는 거예요.

> 인터넷에 사진을 올리기 전에 '정말 괜찮을까?', '미래의 나에게 보여줄 만한 것일까?' 하고 곰곰이 생각해 보세요.

# SNS를 통한 신종 유괴
## 늘어나는 디지털 성범죄①

### SNS 관련 범죄 급증!

SNS 관련 사건은 해를 거듭할수록 늘어나고 있어요. SNS에서 알게 된 사람과 직접 만나면서 발생한 피해 사례도 많아요. 밝혀지지 않은 사례를 더하면 실제로는 더 많은 아이들이 피해를 보고 있을 거예요.

특히 SNS를 통한 유괴 등의 성범죄가 늘고 있어요.

### SNS 유괴 수법은 무엇일까요?

최근 범죄자들은 나이나 성별을 속이고 SNS나 온라인 게임 등을 통해 아이들에게 접근해요. 그리고 채팅으로 대화를 주고받으며 신뢰를 쌓은 뒤, 직접 만나서 아이를 다른 곳으로 데려가죠. 강제로 성적인 행위를 시키거나 오랜 시간 가두어 놓기도 하고, 더 끔찍한 범죄를 저지르기도 해요. 성별에 관계없이 누구든지 피해를 입을 수 있는 흉악한 범죄예요.

SNS로 어떻게 유괴가 이루어지나요?

### 여자 초등학생 사례

온라인 게임 채팅으로 상대방을 알게 됨
↓
사진을 보고 잘생긴 남자아이라 관심을 가짐
↓
고민을 털어놓으면서 상대방을 믿게 됨
↓
상대방이 집에서 같이 게임을 하자고 함
↓
만나기로 한 장소에 나타난 중년 남성. 어쩔 수 없이 상대방의 차에 탔고 성폭력을 당함

### 남자 초등학생 사례

SNS 대화 애플리케이션으로 상대방을 알게 됨
↓
상대방이 좋아하는 캐릭터 상품을 주겠다고 함
↓
만날지 말지 망설이고 있는데, 마침 학교 근처에 볼일이 있다고 해서 약속을 정함
↓
강제로 다른 곳으로 끌려가 성폭력을 당함

SNS에서 나눈 대화로 상대방을 믿게 되어 만나게 되는군요.

### '그루밍'을 조심하세요!

그루밍이란 성적인 행위를 목적으로 접근해 상대의 마음을 사로잡은 다음 성범죄를 저지르는 것을 말해요. 상대의 고민을 들어 주거나 상담해 주면서 친절한 사람인 척 해 상대가 자신을 믿게 만들죠. 그러고는 상대의 신체 중요 부위를 촬영한 사진과 동영상을 전송하게끔 해요. 하지만 신체를 촬영해서 보내도록 요구하는 것 자체가 범죄예요.

# 아동·청소년 성착취물
## 늘어나는 디지털 성범죄②

**스마트폰으로 인해 늘어나고 있는 디지털 성범죄 피해**

피해자 세부 현황

(단위 : 명, 건)

| 구분 | | 합계 | 10대 | 20대 | 30대 | 40대 | 50대 이상 | 미상 |
|---|---|---|---|---|---|---|---|---|
| 2021 | 여성 | 5,109 | 1,194 | 1,090 | 367 | 91 | 42 | 2,325 |
| | 남성 | 1,843 | 287 | 371 | 104 | 81 | 96 | 904 |
| | 계 | 6,952 | 1,481 | 1,461 | 471 | 172 | 138 | 3,229 |

[출처] 여성가족부, 2022년

아동·청소년 성착취물이란 아이의 속옷 차림 모습이나 알몸을 찍은 성적인 사진이나 동영상 등을 말하는데, 이를 소지하거나 만들거나 판매하는 행위를 법으로 금지하고 있어요. 해마다 디지털 성범죄 수가 늘고 있는데, 피해를 본 전체 6952명 중에서 10대가 1481명으로 가장 많아요. 남성 피해자도 적지 않고요. 또 온라인으로 신고하면서 나이를 밝히지 않은 피해자들도 많아요. SNS를 쉽게 이용할 수 있게 되자 성별에 관계없이 피해를 입는 사례가 늘고 있어요.

아직 밝혀지지 않은 사건도 많아요!

**Q** SNS를 이용한 아동·청소년 성착취물의 수법은 무엇일까요?

**A** 속이거나 협박해 성적인 사진을 찍게 해요.

아동·청소년 성착취물 피해의 대표적인 사례는 아이의 속옷 차림 모습이나 알몸 사진을 강제로 보내게 하는 것이에요. 아이의 약점을 쥐고는 "사진을 보내지 않으면 부모님이나 학교에 알릴 거야.", "집으로 쳐들어갈 거야."라고 협박하거나, 또래 여자아이인 척하며 "나도 보낼 테니 너도 보내 줘."라며 속이는 수법 등이 있어요.

우리 엄마가 속옷 회사에서 일하고 계시는데, 지금 모델을 찾고 있대. 사진을 보내 봐!

업로드한 사진은 디지털 낙인(27쪽 참조)이 되어 평생 지울 수 없어요.

# 디지털 성범죄로부터 안전해지기 위해

## 위험한 사람을 멀리하기 위해 알아 두세요

### ① 반드시 필터링을 설정하세요

필터링이란 어린이가 성인 콘텐츠나 해로운 사이트에 접속하지 않도록 제한하는 기능이나 서비스를 말해요. 18세 미만의 어린이나 청소년은 반드시 필터링을 설정해야 해요. 스마트폰을 샀다면 바로 보호자에게 필터링을 설정해 달라고 하고, 절대로 설정을 바꾸지 마세요.

### ② 모르는 사람에게 받은 DM은 조심하세요

자신을 알리고 관심사가 같은 사람을 만나 정보를 공유하기 위해, SNS 게시물을 누구나 볼 수 있도록 설정하기도 해요. 하지만 이는 위험한 일이에요. 자신에게 관심이 있는 누군가가 수백 통의 DM을 보내거나, 이벤트를 가장해 개인 정보를 요구하는 경우도 많아요. 또 끊임없이 댓글을 다는 '온라인 스토킹'을 당할 수도 있어요. 모르는 사람이 보낸 DM은 조심하세요.

### ③ 비공개 계정으로 설정하세요

비공개 계정이란 주로 트위터나 인스타그램 등의 SNS에서 설정할 수 있는 기능이에요. '프라이버시 설정'에서 계정을 비공개로 바꿀 수 있답니다. 계정을 팔로우하는 사람만이 여러분의 게시물을 볼 수 있어요. 단, 비공개 계정으로 설정했다고 방심하지 말고, 게시물을 올릴 때 충분히 주의를 기울이세요.

### ④ 친구 신청을 무조건 수락하지 마세요

SNS에서 '친구 신청'이나 '팔로우 요청'을 받을 때가 있어요. 이런 요청을 가볍게 수락했을 경우, 개인 정보가 유출되거나 자칫 범죄에 휘말리게 될 수도 있어요. 만난 적 없는 사람이나 모르는 사람에게 받은 친구 신청은 수락하지 않는 것이 기본이에요. 가끔 아는 사람인 척하며 접근하기도 하니까 조심해야 해요. '친구의 친구'라도 주의해야 해요.

### ⑤ 위치 정보를 공유하지 마세요

어떤 SNS에는 내가 지금 어디에 있는지 공유하는 기능이 있어요. 위치 정보는 가장 큰 개인 정보 중 하나예요. 위치 정보 기능을 켜 둔 채로 SNS를 이용할 경우, 게시물의 내용만으로 내가 어디에 있는 누구인지를 금방 알아차릴 수 있어요. 나쁜 의도로 접근하는 사람에게 얼마든지 이용될 수 있지요. SNS를 이용할 때 시크릿 모드나 프라이빗 모드[1] 등으로 설정하는 것이 좋아요.

---

#### '친구 자동 추가'와 '친구 추천' 기능은 꺼 두세요!

SNS에는 '친구 자동 추가' 기능이 있어요. 이 기능을 켜 두면, 스마트폰 전화번호부에 저장된 모든 사람과 SNS에서 연락을 주고받을 수 있어요. 또 누군가가 잘못 입력한 전화번호로 여러분의 SNS에 연결되기도 해요. 특히 여러분이 많이 사용하는 카카오톡 '친구 추천' 기능은 내 전화번호를 저장한 친구의 스마트폰이 해킹을 당하면 친구로 위장한 누군가가 나에게 카카오톡으로 접근할 수 있어요. 그러니 친구 자동 추가와 친구 추천 기능은 반드시 꺼 두는 것이 좋아요.

---

[1] 웹페이지를 닫으면 검색 사이트에서 검색한 데이터, 입력한 아이디나 비밀번호 등의 정보가 삭제되는 기능.

## 이런 것으로도 정보가 노출될 수 있어요

### ① 교복이나 학교 이름이 드러나는 물건

소지품의 모양이나 색으로 학교를 알아차릴 수 있어요. 나쁜 의도를 가진 사람이라면 여러분이 올린 게시물의 내용뿐만 아니라 여러분과 연결된 친구의 게시물까지 살펴보고 있을 거예요. 여러분이 아무리 주의를 기울여도, 친구가 올린 게시물을 통해 정보가 드러날 수 있으므로 친구에게도 게시물을 올릴 때 주의해야 한다고 알려 주세요. 특히 운동회 같은 학교 행사와 관련된 게시물은 작성하지 않는 것이 좋아요.

### ② 맨홀이나 가드레일

맨홀에는 해당 지역의 이름이나 상징물이 새겨져 있어요. 가로등이나 가드레일도 지역에 따라 모양이 달라서 여러분이 다니는 거리를 특정할 수 있답니다. 사진의 배경에 맨홀이나 가로등, 가드레일이 나오지 않도록 주의해야 해요.

### ③ 가게의 메뉴 사진

집 근처의 음식점이나 카페의 음식, 음료 사진을 게시물로 올릴 때도 주의해야 해요. 그릇에 가게 이름이 새겨져 있기도 하고, 음식이 그릇에 담긴 모습이나 인테리어로 여러분이 어느 가게에 자주 가는지를 알아낼 수 있답니다.

### ④ 사고나 사건에 관한 게시물

사진이 없어도 '역에서 사고 발생!', '집 근처에 번개가 쳤어!', '동네에 화재 발생' 등의 사고나 사건을 알리는 게시물을 통해 여러분이 자주 이용하는 역이나 사는 지역을 알아낼 수 있어요. 특히 실시간으로 게시물을 올려서는 안 돼요.

## SNS에 사진을 올릴 때 꼭 확인하세요

사진에는 여러분이 생각하는 것보다 훨씬 많은 정보가 들어 있어요. 닉네임으로 게시물을 올렸다고 해도, 여러분이 어디에 사는 누구인지 알아내어 스토킹 피해로 이어지기도 한답니다. 사는 곳을 알 수 있는 사진이나 주로 이용하는 역, 학교 이름을 추측할 수 있는 사진이나 글은 절대로 올리지 말아야 해요. 특정한 사람들에게만 게시물을 공개하더라도, 게시물을 올리기 전에 사진을 통해 알 수 있는 정보가 무엇인지 꼼꼼하게 확인하세요.

### 배경으로 보이는 장소에도 세심한 주의를!

전신주에는 거리명이나 전신주 번호가 적힌 표지판이 있어요. 사진을 확대하면 지역이 노출될 수 있지요. 버스 정류장이나 지하철 역 이름, 안내 표지판 등도 사진에 나오지 않도록 주의해야 해요.

건축 공사 현장이나 아파트 이름 등을 통해서도 얼마든지 사는 곳을 알아낼 수 있어요.

사진에 찍힌 시계를 보고 언제 어디서 강아지와 산책하는지 등의 행동 패턴을 알아챈 뒤, 그 시간에 맞춰 해당 장소에 가서 기다리는 일도 있어요.

## SNS에서 만난 사람과 교류할 때 꼭 기억하세요

### ① DM 설정을 꺼 두세요

대부분의 SNS에는 DM 기능이 있어요. 이 기능을 켜 두면, 팔로워가 아닌 사람에게도 메시지를 받을 수 있어요. 전체 수신 거부를 설정하거나 팔로워가 아닌 사람에게 온 메시지는 받을 수 없도록 설정해 두어야 해요.

### ② 상대방의 프로필을 그대로 믿지 마세요

SNS에서는 모든 사람이 자신의 실제 프로필을 공개하지는 않아요. 나이나 성별, 직업은 물론 프로필에 설정해 둔 사진조차 본인이 아닐 수 있어요. 상대방의 프로필을 있는 그대로 믿지 말고, 자신의 정보도 쉽게 알려 주지 마세요.

### ③ 상대방의 게시물 내용이나 계정 정보를 확인하세요

상대방의 게시물 내용과 계정 정보를 통해 상대방이 정말 또래인지 확인하세요. 게시물 내용에 부자연스러운 부분이 있거나 게시물을 올린 시간대가 너무 늦은 밤인 경우, 또는 팔로잉은 많은데 팔로워 수가 지나치게 적은 최신 계정이라면 거짓 계정일 가능성이 커요.

## 상대방의 프로필이 의심스럽다면 질문해 보세요

대화 중인 상대가 거짓말을 하는 것 같거나 프로필이 의심스러운 경우, 상대에게 직접 물어보기 어려울 수 있어요. 그럴 때는 진실을 확인하는 단서를 얻을 수 있는 여러 가지 질문을 해 보세요.

> **질문 예시**
> "어느 초등학교야?"
> "담임 선생님 성함은 뭐야?"
> "요즘 학교에선 뭘 해?"
> "학원은 무슨 요일에 가?"

### SNS에 지나치게 빠지지 않도록 주의하세요

**① 대화가 끝나는 시간을 정하세요**

만약 상대가 나쁜 마음을 먹은 사람일 경우, 대화가 길어지면 상대의 페이스에 휘말리기 쉬워져요. 특히 밤에는 판단력이 흐려져 생각지도 못한 실수를 저지를 수 있으므로, SNS를 하는 시간을 밤 9시까지로 제한하는 등의 규칙을 정해요. "이제 씻을 시간이야.", "벌써 1시간이나 됐네." 등 시간을 의식하는 말을 자주 하는 것도 좋아요. 친구들과 대화할 때도 시간을 정하고 지키려고 노력해 보세요.

**② 게시물의 반응에 지나치게 신경 쓰지 마세요**

내가 올린 게시물에 다른 사람이 반응을 보이면 기분이 좋아져요. 하지만 '좋아요' 등의 반응에 지나치게 신경 쓰지 않는 것도 중요해요. 반응에 신경을 쓰기 시작하면 인정받고 싶은 마음이 점점 더 커지죠. '좋아요'를 많이 받기 위해 자극적인 동영상을 올린 사례도 있을 정도예요. 재미를 위해 즐기는 SNS에서 나쁜 일이 일어나지 않도록 적당한 거리를 둘 줄 알아야 해요.

SNS에서 오랫동안 채팅을 하면 판단력이 흐려져 생각지도 못한 함정에 빠질 수 있으므로 주의해야 해요.

## 이것만은 꼭 기억해요

1. SNS에서 대화를 할 때는 상대방에게 자신의 정보를 되도록 알려 주지 마세요.

2. 인터넷에 한번 공개된 글이나 사진, 동영상은 쉽게 지울 수 없어요. 올릴 때 주의하세요.

3. SNS에서만 대화를 나누고 한 번도 만난 적 없는 사람의 말을 쉽게 믿어서는 안 돼요.

4. 내 개인 정보가 나도 모르게 노출되어 있지는 않은지 SNS의 설정을 꼼꼼히 확인하세요.

5. 만약 피해를 봤다면, 혼자서 고민하지 말고 반드시 누군가에게 도움을 요청하세요.

# 몰라! 나도 그냥 어디서 들었어!

### 나쁜 소문을 만드는 얼굴 없는 사람

얼굴이 보이지 않는다는 점을 이용해 누군가를 지독하게 괴롭히는 악성 댓글이 큰 문제예요. 유명한 사람만 피해를 보는 것이 아니랍니다. 여러분도 얼마든지 피해자가 될 수 있어요.

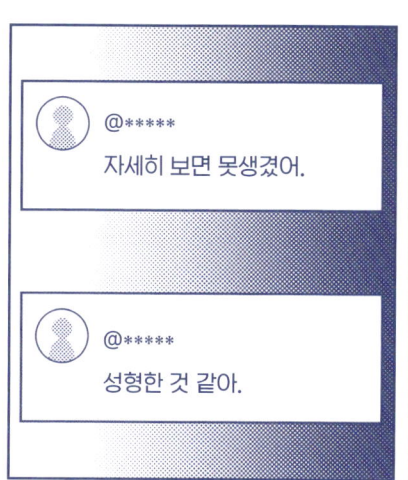

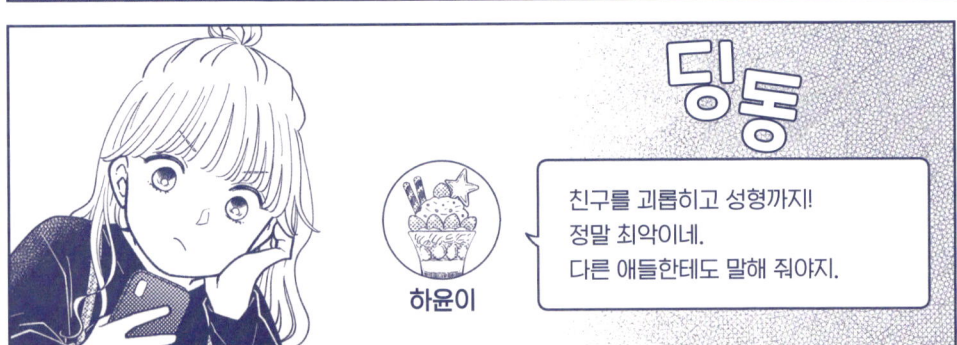

1) 거짓을 쓴 경우는 물론이고, 사실을 쓴 경우에도 죄가 됩니다.
2) 다른 사람을 경멸하거나 모욕하는 글을 게시했을 때 성립하는 죄입니다.

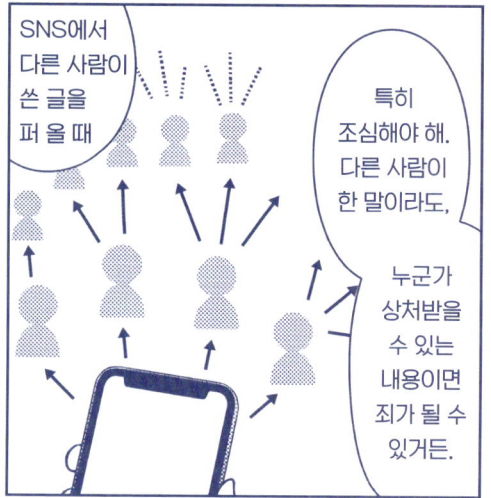

# '악성 댓글'이 뭐예요?

## 다른 사람에게 상처를 주는 나쁜 말이에요

상대방의 인격이나 말, 행동에 대해 근거 없는 소문이나 욕설을 퍼뜨리고, 큰 상처를 주는 댓글이나 게시글을 악성 댓글이라고 해요. 악성 댓글의 피해자는 모르는 사람들로부터 받은 심한 욕설이나 험담으로 인해 정신적으로 큰 상처를 입게 됩니다. 댓글을 다는 사람은 '다른 사람들도 다 하는 건데 악성 댓글 몇 번 쓰는 게 뭐 어때? 어차피 얼굴도 모르고, 들키지 않을 테니까 괜찮아.'라는 이유로 별생각 없이 시작해, 점차 정도가 심한 글을 쓰는 상태에 이르게 되죠.
분위기에 휘말려 부정적인 감정을 담은 표현을 멋대로 쓰면 안 돼요.

어차피 아무도 모르니까.

### 악성 댓글이 되는 나쁜 말

폭언이나 모욕, 협박 등의 공격적인 표현이나 비난이나 부정하는 말, 바보 취급하는 말 등이 대표적인 악성 댓글이에요. 댓글을 쓰기 전에 한 번 생각해 보세요. 내가 듣고 싶지 않은 말이 무엇인가요? 그게 바로 악성 댓글의 예시랍니다.

## 비판과는 어떻게 다를까?

비판이란 '상대방의 말이나 행동의 옳고 그름을 논리적으로 확실하게 구분 지어 판단하고 평가하는 일'로 악성 댓글과는 달라요. SNS 등에 올라오는 댓글에서는 상대방의 단점이나 실수까지 비난하는 등 지나친 비판이 결과적으로 악성 댓글이 되는 경우도 많이 있어요. 지나친 비판이나 악성 댓글은 상대방에게 큰 상처를 주고, 심한 경우 극단적인 선택을 할 정도로 위험한 행위라는 사실을 절대 잊어서는 안 돼요.

더는 살고 싶지 않아.

### 외모나 인격을 지적하는 말도 나쁜 말

옆에서 소개한 나쁜 말 말고도 상대방에게 상처를 줄 수 있는 말은 모두 나쁜 말이에요. 특히 겉모습이나 버릇, 인격을 지적하는 일은 절대로 하면 안 돼요. 또한, 상대방이 숨기고 싶어 하는 이야기나 상대방의 가족에 관한 이야기를 다른 사람들에게 알려서도 안 돼요.

# 악성 댓글은 또 다른 악성 댓글을 불러요!

## 악성 댓글은 쉽게 퍼져요

SNS에 글을 올리면 많은 사람이 보게 돼요. 좋은 내용이든 나쁜 내용이든 여러 사람의 공감을 받는 일은 큰 즐거움을 주지요. 어떤 글에 누군가 부정적인 댓글을 쓰기 시작하면 동조하는 글을 이어서 쓰기 쉬워요. 그러다 보니 악성 댓글이 계속 꼬리에 꼬리를 물면서 수많은 사람이 가세하게 되지요. 이런 일은 날마다 일어나고 있어요. 유명인뿐만 아니라 일반인도 대상이 될 수 있답니다. 댓글 내용 또한 지나친 비난이나 욕설이 가득한 경우가 많아 큰 문제가 되고 있어요.

**Q** 왜 악성 댓글을 쓰는 걸까요?

**A** SNS에서는 이름을 숨길 수 있어 별생각 없이 댓글을 쓰기 쉬워요.

### ① 게시물의 내용을 오해하여 악성 댓글이 달리는 경우

게시물을 쓴 사람의 의도와 달리, 게시물의 내용을 오해한 사람들이 악성 댓글을 다는 경우가 있어요. 갑작스런 악성 댓글을 보고 글쓴이가 오해를 풀기 위해 글을 덧붙이지만 사람들은 이것조차 꼬투리를 잡아 오히려 악성 댓글이 더 퍼지기도 한답니다. SNS를 비롯해 인터넷에 올리는 짧은 글은 자신의 뜻을 정확하게 전달하기 어려울 수 있어요. 그러므로 가능한 자신의 의도를 바르고 정확하게 표현하는 글을 쓰는 것이 매우 중요해요. 또한 댓글을 쓸 때 게시글의 내용을 오해하지 않았는지 한 번 더 잘 살피고, 이해가 잘 안 되는 내용이 있다면 글쓴이에게 정중하게 물어 서로 오해가 없도록 하세요.

### ② 주목받으려고 일부러 부정적인 댓글을 쓰는 경우

다른 사람의 게시물에 일부러 악성 댓글을 쓰고, 그 반응을 즐기는 사람도 있어요. 이런 사람은 주목받고 싶다거나 다른 사람들을 괴롭히고 싶은 욕구가 클 거예요. 이런 사람의 표적이 되지 않기 위해서는 악성 댓글에 반응하지 않거나, 댓글의 내용을 깊이 생각하지 않으려는 태도가 필요해요.

실제로는 나쁜 의도가 없는 게시물에도 악성 댓글이 달리는 ①번과 같은 일이 매우 많아요.

# 악성 댓글도 범죄가 되나요?

## 악성 댓글은 큰 범죄예요

최근 SNS나 인터넷에서 일어나는 악성 댓글 문제가 심각해요. 악의적인 마음을 가지고 SNS나 인터넷 공간에서 '거짓과 헛소문'을 퍼트리거나 '사실'이어도 드러내서는 안 될 정보를 전달하면 인터넷 명예 훼손으로 처벌받을 수 있어요. 또한, 다른 사람이 쓴 악성 댓글을 퍼프리는 행위만으로도 벌을 받을 수 있어요.

악성 댓글을 옮기거나 전달하는 것만으로도 악성 댓글을 확산한 것으로 보고 처벌할 수 있어요.

**실제로 어떤 일들이 일어났나요?**

### 거짓과 헛소문을 퍼뜨린 사례

B가 "○○초등학교에 다니는 A가 물건을 훔쳐서 붙잡혔어."라고 거짓 게시물을 올림

⬇

다른 친구들을 통해서 A에게 이 소식이 전해짐

⬇

○○초등학교에도 소문이 퍼졌고, A는 헛소문 때문에 상처를 입음

⬇

게시물을 올린 사람을 찾기 시작했고, 결국 B는 경찰서에 불려 가게 됨

### 개인 정보를 유출한 사례

C가 "○○초등학교 6학년 2반 △△는 □□학원에 다녀."라는 게시물을 올림

⬇

소식을 들은 같은 반 아이의 부모님이 초등학교에 정보 확인을 요청했고, 게시물을 올린 사람이 C임이 밝혀짐

⬇

그 지역 중학교에 입학 예정이었던 C는 결국 다른 지역으로 이사를 하게 됨

현실에서 하면 안 되는 일은 인터넷에서도 하면 안 돼요.

# 만약 악성 댓글의 피해자가 된다면?

### ① 혼자 고민하지 마세요

악성 댓글의 내용이 너무 심각해서 무시할 수 없는 경우라면 참을 필요가 없어요. 용기를 내 상담을 받아 확실히 대응해야 해요. 모른 척할 경우, 점점 악성 댓글의 정도가 심해지기도 해요. 상대방이 그저 장난이었다고 변명을 하더라도, 상대방에게서 두 번 다시 악성 댓글을 남기지 않겠다는 확인을 받아 두어야 해요. 부모님이나 선생님 또는 주위 어른에게 도움을 청하여 함께 대응하세요.

### ② 악성 댓글에 무리하게 대응하지 마세요

악성 댓글에 대해 감정적으로 반응하면 상대방이 자극을 받아 과격한 행동을 할 수도 있어 오히려 역효과가 납니다. 게시물이나 댓글 하나하나에 반응하지 말고, 상황을 파악하는 것이 중요해요. 악성 댓글을 쓰는 사람은 반응이 없으면 쉽게 지치기도 해서 어느 순간 잠잠해지기도 해요. 또한 악성 댓글을 보면 볼수록 마음에 상처를 입게 되므로 SNS와 거리를 둘 필요가 있어요.

### ③ 증거를 남겨 두세요

어떤 댓글이 달렸는지, 그것이 악성 댓글인지 아닌지를 다른 사람도 판단할 수 있도록 증거를 남겨 두세요. 게시물의 URL[1]을 저장하거나 게시물을 출력해 두는 방법을 추천합니다. 스크린 숏만으로는 증거가 부족할 수 있으므로 반드시 URL을 저장해 두세요. 또한 캡처나 URL을 모아 두었다는 사실을 상대에게 알리는 것만으로도 악성 댓글을 멈추게 하는 효과가 있어요.

---

[1] URL이란, 인터넷 웹 사이트나 파일의 위치나 정보를 나타내는 인터넷 주소를 말해요. 주로 https://로 시작해요.

### ④ 전문 상담가와 올바른 대응 방법을 찾아보세요

여러분 혼자서는 대응하기가 어려우므로 주변의 믿을 만한 어른이나 전문 상담가에게 상담을 요청하세요. 상황을 차근차근 정리해 보는 것만으로도 마음이 진정되기도 해요. 증거를 보존하는 방법에 대해서는 인터넷이나 컴퓨터 분야에 전문 지식이 있는 어른의 도움을 받아 보세요. 대화 내용 캡처나 상대방 계정 정보의 증거를 확보한 다음 계정을 변경하는 것도 좋아요.

자책하거나 무작정 상대방을 탓하기보다, 상황에 냉정하게 대처하는 것이 바람직해요.

# 악성 댓글을 남기지 않기 위한 마음가짐

**① 같은 말을 내가 듣는다면 어떨지 상상해 보세요**

여러분이 직접 SNS에서 심한 말을 들었다면 어떤 기분이 들지 상상해 봅시다. 한번 내뱉은 말은 주워 담을 수 없어요. 자신이 들었을 때 상처받을 만한 말이라면, 다른 사람들에게도 상처를 줄 수 있어요. 그런 말은 결코 다른 사람에게 하지 않도록 해요.

**② 이름이 노출되진 않지만 사용한 기기에 기록은 남아요**

SNS에서 글을 쓰고 사진이나 동영상을 올릴 때 여러분이 사용한 기기의 접속 기록이나 일련번호와 같은 정보가 수집돼요. 수사 기관에서는 이런 정보를 토대로 악성 댓글을 쓴 사람을 찾아낼 수 있어요. 그러니 여러분들에게만 익명이지 결국엔 모두 밝혀낼 수 있어요.

**③ 자기 자신을 긍정적으로 생각하세요**

자기 긍정이란 자신의 가치를 있는 그대로 인정하는 것을 말해요. 다른 사람에게 인정받고 싶은 마음에 심한 말을 악성 댓글로 내뱉는 사람도 있답니다. 이런 행동으로 인정받으려는 마음이 들지 않도록 일상생활에 충실하면서 즐겁게 지내도록 하세요.

자신에게 기분 나쁜 일을 다른 사람에게 하는 것이 옳은 일인지 진지하게 생각해 보세요.

## 이것만은 꼭 기억해요

1 상대방이 누군지 모른다고 해서 SNS에서 남에게 상처 주는 글을 올려서는 안 돼요.

2 다른 사람의 개인 정보를 공개하거나, 거짓말이나 헛소문을 게시해서도 안 돼요.

3 다른 사람을 비난하는 글이나 악성 댓글을 옮기거나 퍼 나르는 것도 명백한 범죄예요.

4 자신이 듣기 싫은 말이나 겪기 싫은 일은 SNS에서 하지 않도록 해요.

5 악성 댓글로 피해를 보았다면 반드시 믿을 만한 어른이나 전문 상담가에게 상담을 받으세요.

### 더 알아보기

# 올바른 정보인지 판단하는 방법

인터넷에 올라온 정보가 무조건 옳다고 할 수는 없어요.
올바른 정보를 판단하는 방법을 알려 드립니다.

> 인터넷 정보를 바르게 이해해서 사용하는
> 인터넷 활용 능력을 익혀 보세요.

인터넷에 올라온 정보를 무조건 옳다고 믿거나 거짓 정보에 속지 않도록, 인터넷 정보를 바르게 이해해서 사용할 줄 알아야 해요. 우리는 눈에 보이는 것이나 글자로 적힌 것만으로 무언가를 판단하곤 해요. 하지만 실제로는 더 깊은 뜻이 숨어 있거나, 보이는 것만으로는 이해하기 힘든 것도 많아요. 인터넷 속 정보를 보고 '정말로 옳은 것일까?', '이 사건의 뒷면에는 어떤 의도가 있는 걸까?' 하고 생각해 볼 필요가 있어요. 정보를 바르게 해석하는 힘을 반드시 길러야 해요.

## 거짓 정보에 휘둘리지 않기 위한 마음가짐

**① 정보의 출처가 어디인지를 확인하세요**

인터넷에 돌아다니는 정보를 곧이곧대로 믿지 말고, 의심의 눈초리로 바라보는 것이 중요해요. SNS 정보의 상당수가 거짓 정보라고 해요. 그 정보의 출처가 어디인지, 믿을 수 있는 정보인지 확인하는 습관을 기르도록 합시다.

**② 혼자만의 생각이 아닌지 체크해 보세요**

여러분이 찾은 정보를 자기 혼자만의 생각으로 판단하지 말아야 해요. 주관적인 시각으로 바라보면, 주관적인 판단밖에 나오지 않아요. 사람마다 무언가를 파악하는 방식이나 시각이 다를 수 있음을 알아야 해요.

**③ 퍼뜨리고 싶은 소문이 있다면 다시 한 번 생각해 보세요**

새로운 정보를 알게 되었거나, 재미있는 이야기나 소문을 들었을 때, 다른 사람에게 말하고 싶어지곤 해요. 하지만 한번 SNS에 올라온 글은 지우기가 어려워요. 정확한 정보인지, 게시해도 좋은 정보인지를 냉정하게 생각한 뒤에 행동에 옮기도록 해요.

> 학교에서도 인터넷 활용 능력 교육이 필요해요.

# 안전한 인터넷의 날

해마다 2월 둘째 주 화요일은 '안전한 인터넷의 날(Safer Internet Day)'이에요. 인터넷과 디지털 기술이 발전한 만큼 우리는 해로운 정보에 더 많이 노출되고, 인터넷에서 만난 사람들과 갈등을 겪게 될 확률도 더욱 높아졌어요. 2004년 유럽연합(EU)에서 시작해 현재 전세계 170개국에서 '안전한 인터넷의 날'을 정해 해마다 다양한 방식으로 안전한 인터넷 환경을 만들기 위해 애쓰고 있어요.

## 우리 모두 안전한 인터넷

### ① 어른과 디지털로 소통하세요

인터넷을 안전하게 이용하려면 부모님이나 선생님 등 주변 어른들과 자주 이야기하고 소통하세요. 내가 무엇을 좋아하는지, 어떤 게임을 하는지, 학교 숙제를 위해 인터넷에 접속하는 시간이 얼마나 되는지, 어느 사이트를 자주 이용하는지 미리 소통하세요.

### ② 공개 범위와 보안을 설정하세요

여러분이 직접 가입할 수 있는 카카오톡이나 밴드 말고도 만 13세가 넘은 다른 가족의 이름으로 인스타그램, 틱톡, 유튜브를 이용하는 친구들도 있어요. 어른들만 볼 수 있는 콘텐츠들도 있으니 주의해서 살펴보고, '자녀안심보호' 같은 기능이 있는지 어른들에게 확인해 달라고 하세요.

### ③ 안전한 비밀번호가 필요해요

쉽게 떠올릴 수 있는 비밀번호는 해킹당할 수 있어요. 요즘에는 보안이 강화된 복잡한 인증단계를 선택할 수도 있지요. 다소 번거롭더라도 이런 보안 기능을 이용하면 더 안전해요.

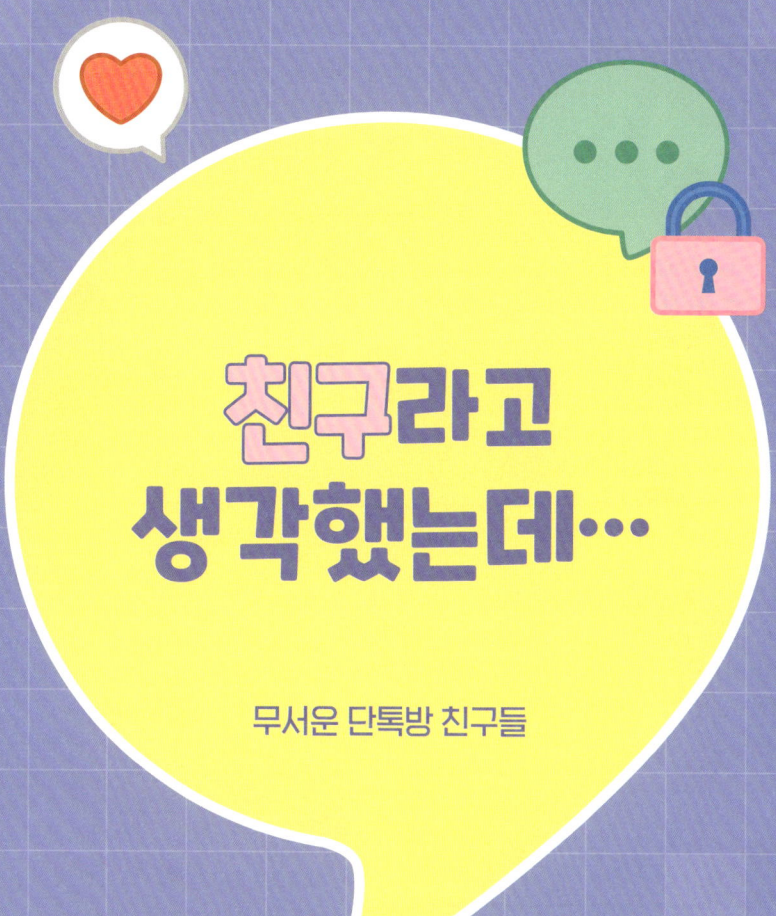

# 친구라고 생각했는데…

무서운 단톡방 친구들

SNS나 메일로 이루어지는 따돌림은 시간에 상관없이 상대방에게 상처를 줘요. 단체 대화방에서 특정 친구를 대상으로 한 험담은 엄연한 사이버 폭력입니다. 만약 사이버 폭력을 당했다면, 믿을 만한 어른에게 상담을 요청하세요.

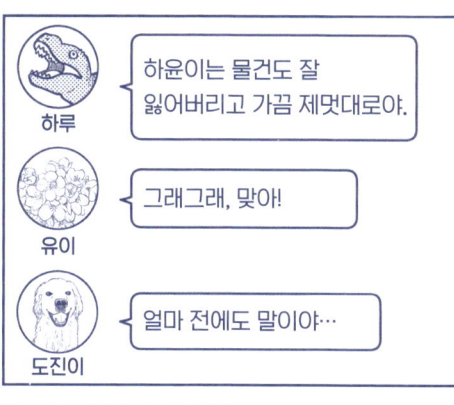

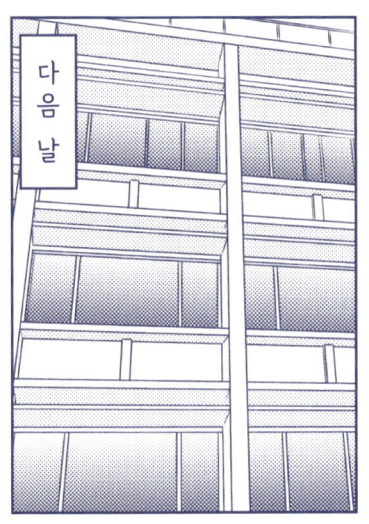

# 사이버 폭력이란 무엇일까요?

## SNS에서 욕설을 하거나 따돌리는 것을 말해요

메일, 메신저, SNS, 인터넷 게시판 등을 사용할 때 욕설을 하거나 짓궂은 짓으로 친구를 따돌리는 것을 말해요. 모두가 그렇게 하고 있다며 가볍게 생각하고 가담하면, 괴롭힘은 점점 더 심해져요. 최근 들어 사이버 폭력이 큰 증가를 보이고 있어요. 사이버 폭력은 결코 용서받을 수 있는 행위가 아니에요.

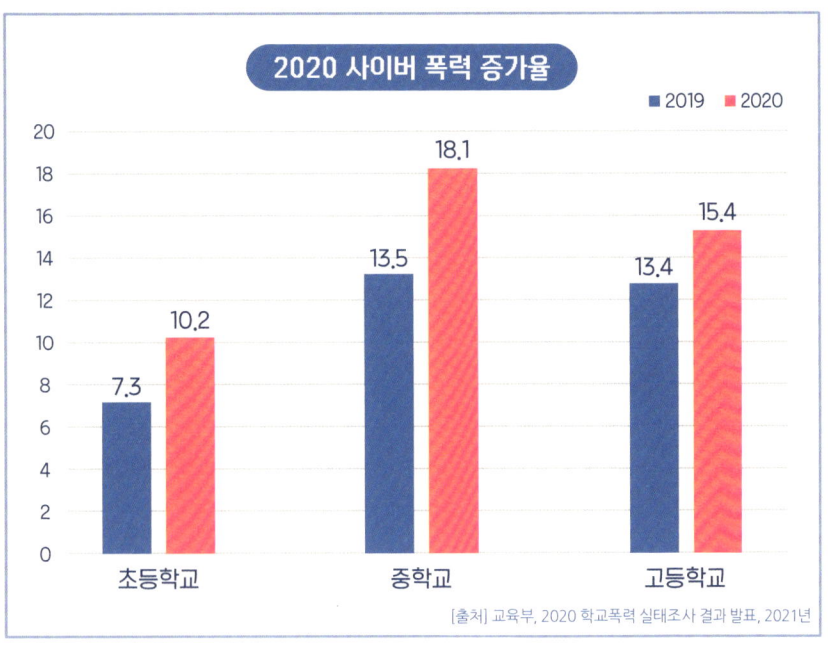

[출처] 교육부, 2020 학교폭력 실태조사 결과 발표, 2021년

## 사이버 폭력이 더 무서운 이유

### ① 집에서도 괴롭힘이 계속돼요
사이버 폭력은 SNS를 할 수 있는 환경에서는 언제라도 일어날 수 있어요. 24시간 괴롭힘이 계속되어 집에 있어도 피하기 어려워요. 또 원치 않는 댓글을 계속 보는 것만으로도 괴롭힘 당했던 속상한 감정을 반복해서 느끼게 되지요.

### ② 어른이 믿지 않기도 해요
SNS에서 하는 대화는 다른 사람이 쉽게 볼 수 없어 주위에서 괴롭힘 사실을 먼저 알아차리기가 어려워요. 선생님이나 다른 주위 어른에게 상담을 요청해도 "기분 탓일 거야." 같은 이야기를 듣거나 가벼운 대화로 여기는 등 심각하게 받아들이지 않을 수 있어요.

### ③ 학교 가기 싫어하거나 심한 경우 자살로 이어져요
괴롭힘의 수법이 갈수록 악랄해지고 있어요. 일부러 상대방을 벼랑 끝까지 몰고 갈만한 게시물을 올려서 괴롭힘당하는 사람을 나쁘게 만들어 고립시키기도 해요. 이런 경우 학교에 갈 수 없게 되거나, 심한 경우 자살을 하는 끔찍한 결과를 낳게 되지요.

## 사이버 폭력에도 종류가 있어요

학교 폭력이 온라인으로도 이루어진다는 사실 알고 계시나요? 그게 바로 사이버 폭력이에요.

| 사이버 따돌림 | 사이버 스토킹 | 사이버 명예 훼손 | 사이버 성폭력 | 개인 정보 유출 |
|---|---|---|---|---|
| SNS나 채팅방에서 상대방을 욕하고 놀리고, 참여하는 것을 방해하는 일 | 악의적이고 지속적으로 원치 않는 문자, 사진, 동영상들을 반복해서 보내는 일 | 사실이나 거짓말로 상대방을 비방하거나 인격을 훼손하는 일 | 성적인 표현이나 성적으로 비하하는 말을 하거나 그런 글이나 그림을 올리거나 퍼 오는 일 | 상대방의 동의나 허락 없이 개인 정보를 유출하는 일 |

# 이런 일을 당하면 어떨까요?
## 사이버 폭력의 예

### 특정 사람을 따돌리는 사례

**CASE ①** A만 빼고 만든 새로운 대화방

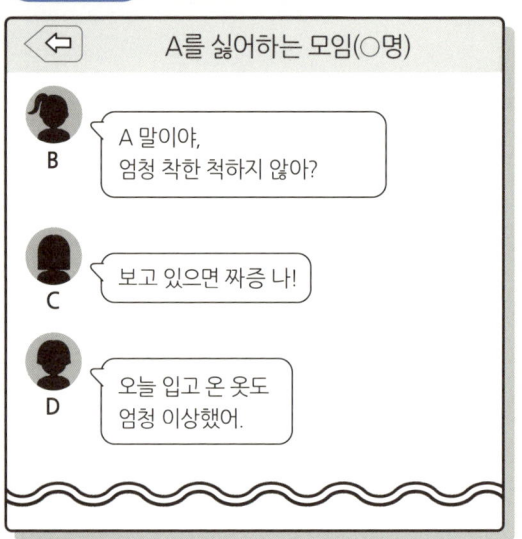

**해설**

채팅 애플리케이션의 단체 대화방에서 E가 다른 대화방으로 초대받았어요. 바로 친구 A의 험담을 하는 대화방이었답니다. 동조하지 않으면 다음에는 E가 험담의 대상이 될 수도 있어요. 하지만 정말로 이래도 되는지, 과연 A는 어떻게 생각할지 곰곰이 생각해 보세요.

## 동영상을 함부로 게시한 사례

**CASE ②** 괴롭힘을 당하는 장면을 찍은 동영상을 공유 사이트에 올림

이 동영상을 본 다른 학생이 SNS로 동영상을 전달함

### 해설

괴롭히는 동영상뿐만 아니라 어떤 동영상이든, 동영상에 나오는 사람이 원하지 않는다면 절대 인터넷에 올려서는 안 돼요. 시간이 지나면 저절로 삭제되는 동영상이라도 얼마든지 저장할 수 있으며, 일부러 저장해서 퍼뜨리는 사람도 있어요. 한번 인터넷에 올린 동영상은 반영구적으로 남을 가능성이 있으므로, 동영상을 올리기 전에 잘 생각해 봐야 해요.

# 괴롭힘을 막자!
## SNS의 규칙과 매너

### ✅ 비밀 이야기나 헛소문을 가볍게 여기지 마세요

누군가의 비밀이나 헛소문을 퍼뜨리기 좋아하는 사람이 있어요. 나쁜 마음이 없다고 해도 당사자에게는 상처가 될 수 있어요. 특히 SNS에서는 게시물의 내용이 순식간에 퍼져요. 헛소문은 함부로 입에 올리지 말고, 보거나 들어도 동조하지 마세요.

### ✅ 답장이 오지 않아도 너무 신경 쓰지 마세요

메시지를 보냈다고 해서 상대방이 바로 답장을 하지 않아요. 공부하는 중이거나 답장을 할 수 없는 상황일 수도 있어요. '내 메시지를 무시했어!'라며 화내지 말고 '지금 바쁜가 봐.'라고 생각하며 신경 쓰지 않도록 해요. 일부러 무시당한 것 같은 상황이면 주변 사람들에게 상담을 청해 보세요.

### ✅ 메시지 내용이나 개인 정보를 마음대로 공개하지 마세요

받은 메시지를 그대로 전달하거나 연락처나 사진 등의 개인 정보를 마음대로 인터넷에 올리거나 다른 사람에게 전달하지 마세요. 상대방은 물론이고 본인도 문제가 될 수 있어요. 다른 사람에게 개인 정보를 전달할 때에는 반드시 상대방의 허락을 받도록 해요.

문자만으로 대화할 때는 더욱 세심한 주의가 필요해요.

### ✓ 오해를 받을 만한 말은 하지 마세요

얼굴을 마주하고 이야기하는 것과 달리, 짧은 글을 주고받으면 마음을 제대로 전하는 게 어려워요. 차갑게 느껴지거나 오해를 받을 수도 있으므로, 가능한 예의를 갖추어 말하고, 상대방이 어떻게 받아들일지 곰곰이 생각한 다음 메시지를 보내세요.

### ✓ 악플러를 직접 상대하지 마세요

SNS에서는 누군가의 게시물에 일부러 공격적인 댓글을 남기거나 시비를 거는 듯한 댓글을 쓰는 심술궂은 사람들이 있어요. 그런 사람들을 악플러라고 하지요. 이런 댓글은 무시해도 끈질기게 계속되는 경우가 많으므로, SNS 운영자에게 신고하거나 차단 설정을 하는 것이 좋아요.

### ✓ 상대방의 상황을 생각하세요

SNS 대화는 24시간 언제라도 할 수 있어요. 그래서 상대방의 상황을 고려하지 않고 늦은 밤에 메시지를 보내는 친구도 있지요. 친구와 대화 종료 시각을 정하는 등 매너를 지키며 대화를 나누세요.

**문자만으로 의사소통하는 것은 어려워요**

SNS의 문자만으로는 같은 말이라도 어떤 표정과 어떤 말투로 이야기하고 있는지 알 수 없어요. 이모티콘 등을 적절하게 넣어서 감정을 정확하게 전달하도록 하세요.

## 사이버 폭력을 당하면 어떻게 해야 하나요?

### ① 인터넷으로 대응하지 마세요

인터넷이나 SNS 메시지로 얼마든지 상처받을 수 있어요. 하지만 인터넷으로 욕설을 들었다고 어설프게 인터넷으로 대응하면 상대방은 꿈쩍도 하지 않아요. 가족이나 학교, 전문 상담사 등에게 도움을 청하면 좋은 대응 방법을 찾을 수 있을 거예요.

### ② 스크린 숏으로 찍어 증거를 남겨요

사이버 폭력은 문자나 사진, 동영상 등의 데이터가 있어 쉽게 증거를 남길 수 있어요. 욕설이 담긴 메시지나 댓글은 캡처해서 스크린 숏으로 찍어 두는 등, 반드시 증거를 저장해 두세요. 또한, 용기를 내서 어른에게 상담을 요청하세요.

가까운 어른에게 상담을 청하는 것이 중요해요! 전문 상담가의 도움을 받는 것도 좋아요.
→ 144쪽

## 사이버 폭력 대처 방안

### STEP 01

처음엔 무시하고 계속하면 확실하게 거부 의사를 표현하세요.

### STEP 02

계속되고 심해지면 캡처나 녹음 등으로 증거를 확보하세요.

### STEP 03

상대의 행동에 대응하지 않고 자리에서 벗어나세요.

### STEP 04

부모님, 선생님께 도움을 요청하세요.

### STEP 05

필요하다면 경찰서, 사이버 수사대 및 **117**에 신고하세요.

### STEP 06

몸과 마음이 안정되도록 힘쓰세요.

## 이것만은 꼭 기억해요

1. SNS에서 누군가를 따돌리는 것도 괴롭힘이에요. 절대로 해서는 안 돼요.

2. 상대방이 공개하기 싫어하는 사진이나 동영상을 올리는 것도 괴롭힘이에요.

3. 문자로는 감정을 제대로 전달하기 어려워요. 직접 말할 때보다 더욱 예의를 갖춰 대화하세요.

4. 상대방의 사정을 생각하지 않고 답장을 강요하거나 오랜 시간 대화하지 않도록 해요.

5. 어려운 일을 겪으면 혼자 고민하지 말고, 반드시 증거를 남기고 어른에게 도움을 청하세요.

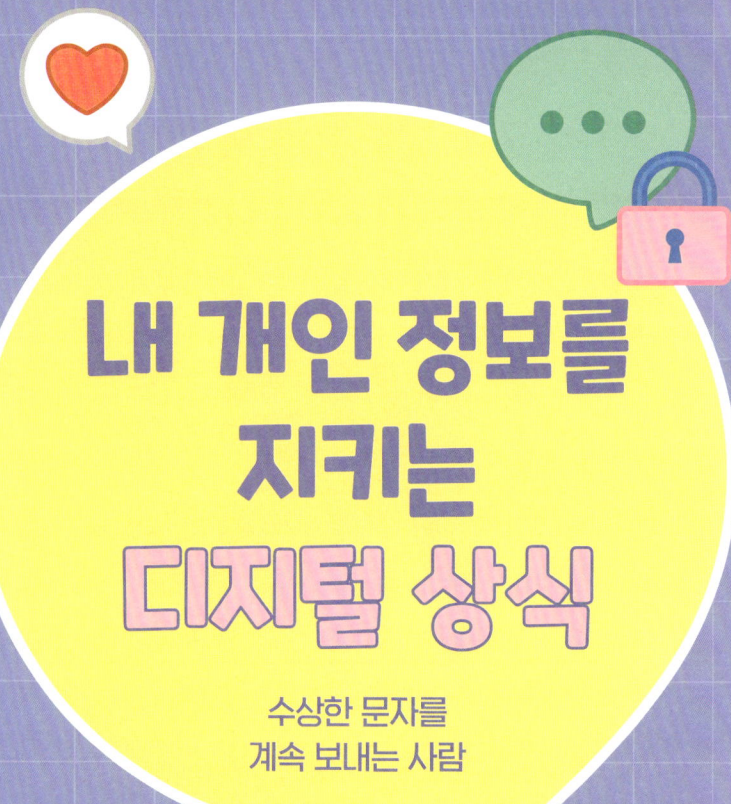

# 내 개인 정보를 지키는 디지털 상식

### 수상한 문자를 계속 보내는 사람

정보가 넘쳐 나는 만큼 사람을 속이고 개인 정보를 가로채려는 수법도 다양해졌어요. 모르는 사람에게서 온 메일은 열어선 안 되고, 달콤한 말에는 속임수가 있다는 사실을 잊지 마세요.

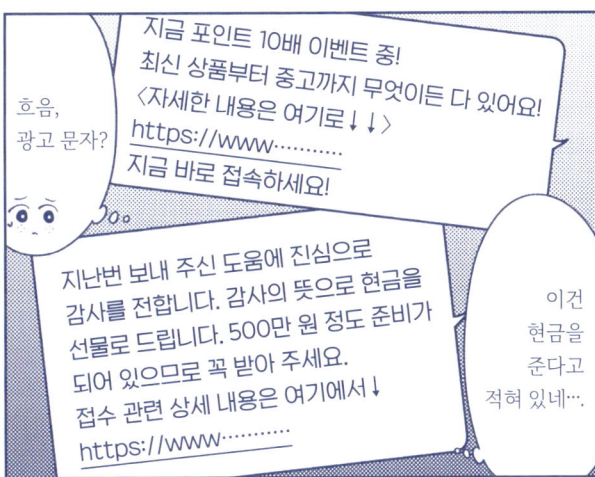

※ 오른쪽이 진짜 사이트, 왼쪽이 가짜 사이트예요!

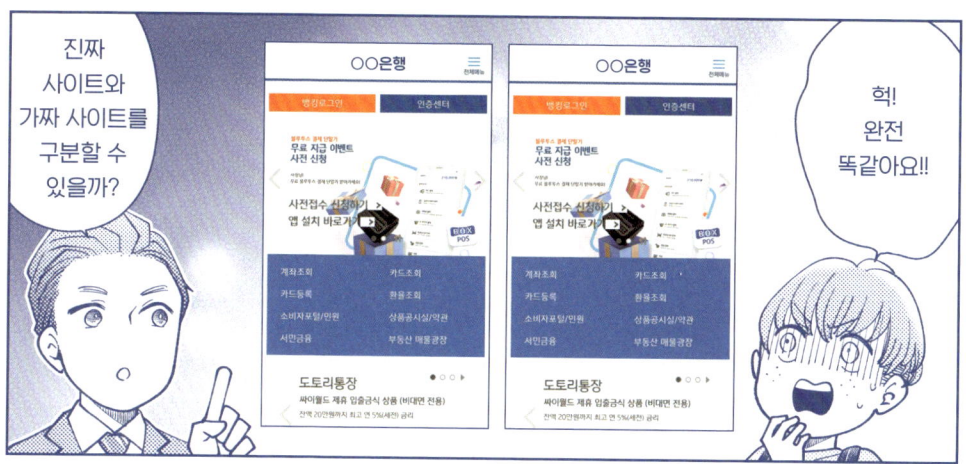

# 인터넷에 개인 정보를 올리면 어떻게 되나요?

### 개인 정보란 무엇인가요?

이름이나 주소, 전화번호, 생년월일, 나이, 성별, 학교 이름, 학년, 얼굴 사진, 주민등록번호, 가족 구성이나 가족의 직업 등 '이 사람이 어디에 사는 누구인지 알 수 있는 정보'를 개인 정보라고 해요. 이러한 정보를 인터넷에 공개하면 많은 사람이 알게 되어 심한 경우 신변에 위험이 생기기도 해요. 소중한 개인 정보를 잘 지키기 위해 항상 주의해야 해요.

이름, 전화번호, 주민등록번호처럼 누구인지 알 수 있는 정보도 있지만 다른 정보와 결합해서 누구인지 특정할 수 있다면 그 정보도 또한 개인 정보에 해당해요!
예) 신용 카드 번호, 이메일 주소, 지문, 통화 내역, 인터넷 접속 기록 등

### 범죄에 이용될 수 있어요

인터넷에 개인 정보가 한번 공개되면, 정보가 퍼지는 속도는 상상 이상이에요. 만약 누군가 처음부터 나쁜 마음을 먹고 다른 사람의 개인 정보를 함부로 사용하면, 스토커 피해나 금융 사기 등 범죄에 휘말릴 수 있어요.

### 세상에 정보가 공개될 수 있어요

인터넷에 공개된 개인 정보는 세상에 널리 퍼져 쉽게 지우기 어려워요. 이름이나 주소 등 문자 정보뿐만 아니라, 프로필 등에 사용되는 얼굴 사진 등의 이미지도 개인 정보에 포함되지요. 그러므로 자신의 얼굴뿐만 아니라 친구나 주위 다른 사람들의 사진을 인터넷에 게시할 때에는 주의를 기울여야 해요.

**Q** 스미싱 사기가 뭐예요?

**A** 문자로 개인 정보를 빼내는 범죄 행위예요.

스미싱(smishing)은 짧은 문자 메시지 서비스인 SMS(Short Message Service)와 보이스 피싱의 피싱(phishing)을 따와 만든 말이에요. 내가 전화번호를 알려 주지 않은 곳에서 문자 메시지를 이용해 특정 사이트로 접속하게 해서 개인 정보를 빼내거나 결제하게 하는 신종 사기 수법이에요. 피싱(phishing)을 낚시(fishing)로 잘못 알고 있는 경우가 많아요.

### '개인 정보 보호법'이 있어요

개인 정보는 '개인 정보 보호법'이라는 법으로 보호되고 있어요. 예를 들어 기업이 개인 정보를 얻으려 할 때는 본인의 동의가 필요하고, 이용하는 목적을 명확하게 하는 등, 엄격하게 관리해야 해요. 다른 회사에 고객의 정보를 전달해서도 안 돼요. 개인 정보는 그만큼 중요하고 가치 있는 것이라는 사실을 잊지 마세요.

## 인터넷 범죄 수법 ①
# 원클릭 사기

### 어떤 수법인가요?

사이트에 있는 버튼이나 메시지에 적힌 URL을 클릭하면 '회원 가입을 축하합니다' 같은 문장이 뜨면서 저절로 결제가 이루어져 비싼 요금이 청구되는 수법이에요. 자기도 모르게 요금을 지불하는 경우가 많아요. 단 한 번의 클릭만으로 사기를 당할 수 있어서 원클릭 사기라고 불러요.

### 사기를 당하지 않으려면

이상한 사이트에 접속한 사실이 드러날까 두려워 사기를 당해 돈을 잃고도 어른들에게 말하지 못하는 아이들이 많아요. 아동과 청소년의 경우 상대가 여러분의 개인 정보를 수집하기 위해서는 반드시 부모님이나 보호자의 동의를 받아야 해요. 그러니 혹시 모르고 가입했거나 개인 정보를 제공했더라도 여러분의 잘못이 아니에요. 그러므로 사이트의 요금 납부 요청에 응해서는 안 돼요. 당황한 나머지 개인 정보를 입력하거나 사이트 관리자에게 연락하는 일 따위는 하지 마세요. 수상한 화면은 스크린 숏으로 찍어 두거나 인쇄해 두면 나중에 도움이 될 수 있어요.

전화나 메시지에 회신하는 것은 상대에게 개인 정보를 전달하는 것이나 마찬가지예요.

## 인터넷 범죄 수법 ②
# 이벤트 당첨 메시지

### 어떤 수법인가요?

'현금 증정 이벤트에 당첨되었습니다. 축하합니다!', '현금 십만 원을 드립니다!' 등, 보는 사람이 기뻐할 만한 내용의 메시지로 유도하여 사이트에 접속하게 한 뒤, 개인 정보를 등록하게 하거나 입금 또는 전자 화폐를 사용하도록 속이는 수법이에요. 응모한 기억이 없음에도 흥미가 생겨 자신도 모르게 사이트에 접속해서 속아 넘어가는 경우가 많아요.

### 사기를 당하지 않으려면

애초에 응모하지 않았다면 이벤트에 당첨될 리가 없어요. 아무것도 하지 않았는데, 갑자기 현금을 준다는 달콤한 말은 있을 수 없어요. '당첨', '증정' 등의 단어가 보이면, 의심부터 하세요. 또 메시지에 첨부된 파일은 함부로 열지 말고 바로 삭제하세요. 믿을 수 있는 어른에게 부탁해 수상한 메시지는 수신 거부로 설정하거나 보안 프로그램을 최신 버전으로 변경해 두면 사기를 막는 데에 도움이 돼요.

구글 플레이스토어나 애플의 앱스토어에서 내려받는 방식이 아니라 카톡이나 문자 메시지로 전달된 파일이나 링크를 이용해 애플리케이션을 설치하는 것은 정말 위험해요. 스마트폰에 저장된 연락처는 물론이고 파일과 사진을 모두 가져갈 수 있어요. '출처를 알 수 없는 앱'은 함부로 설치하지 마세요.

## 인터넷 범죄 수법 ③
# 피싱 사기

### 어떤 수법인가요?

'할인 정보', '지불 방법 변경' 등의 내용이 담긴 메시지를 받은 사람이 URL을 클릭하면, 실제로 존재하는 회사의 사이트와 똑같아 보이는 가짜 사이트로 접속하게 돼요. 정가보다 저렴하게 상품을 살 수 있다고 표시해 두고, 개인 정보나 신용 카드 등의 결제 정보 입력을 유도해서 정보를 빼냅니다. 또한 이러한 사이트를 통해 주문한 상품은 배송되지 않고 돈만 빼앗기는 피해도 계속되고 있어요.

### 사기를 당하지 않으려면

가짜 사이트는 진짜 사이트와 아주 비슷해서 눈으로 구분하기 어려워요. 사이트를 이용해야 한다면 메시지의 URL을 클릭하지 않고, 공식 애플리케이션이나 인터넷으로 직접 검색해서 접속합니다. 가짜 사이트로 인한 사기 피해 소식은 종종 인터넷 뉴스 등에서 다루어지고 있으므로, 이용하기 전에 가짜 사이트에 대한 정보가 있는지 확인하는 것이 좋아요.

## 개인 정보 입력을 요청하는 사이트에 주의하세요!

**첫 페이지는 아주 똑같아요!**

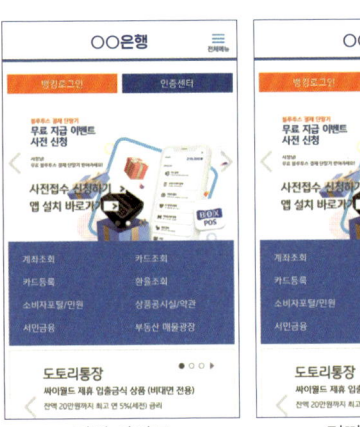

가짜 사이트     진짜 사이트

전문가라도 가짜 사이트와 진짜 사이트를 눈으로 구분하기는 어려워요!

**어른이 되어서도 주의해야 해요!**

### 성인 사이트의 위험

성인 사이트란 성적인 사진이나 동영상을 올리는 성인 전용 인터넷 사이트예요. 만 18세 이상이 아니라면 접속할 수 없어요. 이러한 성인 사이트에 접속하는 사람을 노려 높은 금액을 청구하기도 해요. 클릭하지 말고 개인 정보도 입력하지 마세요. 어른이 되어서도 이런 사기에 휘말릴 수 있으므로 주의를 기울여야 해요. 최근에는 불법 성인 사이트와 불법 도박 사이트를 함께 홍보하기도 해요. 특히 이런 사이트에 가입하면서 입력한 이메일 주소로 개인 정보를 빼낼 수 있는 파일을 보낸답니다. 그러니 절대 가입하면 안 돼요.

# 악성 애플리케이션이나 바이러스도 조심하세요!

## 바이러스에 감염되면 어떻게 되나요?

메일이나 사이트를 통해 컴퓨터에 침입하는 특수한 프로그램을 컴퓨터 바이러스라고 해요. 컴퓨터에 있는 정보를 빼내거나 프로그램을 고장 내기 위한 나쁜 목적으로 만든 프로그램이에요. 스마트폰이 바이러스에 감염되면 제대로 작동할 수 없고, 이상한 사이트에 자동으로 연결되어 개인 정보가 유출되기도 해요. 또한 스마트폰에 저장해 둔 주소록이 유출되어 다른 사람에게 바이러스가 퍼질 수 있어요.

## 악성 애플리케이션이 저절로 설치되기도 해요

스마트폰이나 태블릿 PC에 자동으로 설치되어 문제를 일으키는 악성 애플리케이션이 있어요. 이 애플리케이션이 설치되면, 스마트폰 안에 있는 정보가 유출되거나 사기 사이트로 연결되지요. 문자 메시지를 가장해 URL로 접속을 유도하는 수법이 늘고 있어요.

> 주문하신 택배를 배송할 예정이었으나 부재로 배송하지 못했습니다.
>
> 확인 부탁드립니다.
>
> https://xxxxxxxxxxxx

(거짓 메시지의 예)

**Q** 바이러스에 감염되지 않기 위해서는 어떻게 하면 좋을까요?

**A** 확실한 대책으로 바이러스를 차단해야 해요.

### ① 스마트폰에 바이러스 차단 프로그램을 설치하세요

어른에게 부탁해 바이러스 차단 프로그램을 설치하세요. 바이러스 예방은 물론이고 위험한 사이트 정보를 사전에 알려 주기도 해 매우 유용해요. 다만 바이러스는 변화하므로, 지속적으로 최신 프로그램으로 업데이트하는 것을 잊지 마세요.

### ② 수상한 동영상이나 애플리케이션은 내려받지 마세요

바이러스를 막기 위해 수상한 사이트에 접속하지 않아야 하고, 수상한 동영상이나 애플리케이션을 내려받지 말아야 해요. URL을 클릭하는 것만으로 바이러스에 감염될 수 있기 때문에 흥미로운 내용이라고 해서 섣불리 클릭하면 안 돼요.

### ③ 모르는 사람이 보낸 메시지는 열지 마세요

수상한 사이트의 URL이나 바이러스가 들어 있는 첨부 파일을 포함한 메시지를 불특정 다수에게 보내 바이러스를 퍼뜨리는 일이 많아졌어요. 그럴듯하게 전달된 메시지에 속아 넘어가 바이러스에 감염되는 경우가 많으므로, 모르는 사람에게서 받은 메시지는 절대 열어 보지 말고, URL도 절대 클릭하지 않도록 주의하세요.

## 아주 중요한 예방법을 알려 드려요!

안드로이드 OS가 설치되어 있는 스마트폰의 경우, 보안 설정에서 '출처를 알 수 없는 앱'을 허용하는 기능이 있어요. 여러분은 당연히 출처를 알 수 없는 앱 설치를 허용하면 안 되겠죠? 새로운 앱을 설치할 때 출처를 모르는 위험한 앱을 차단하기 위해서는 반드시 '허용'에 체크하지 말아야 해요.

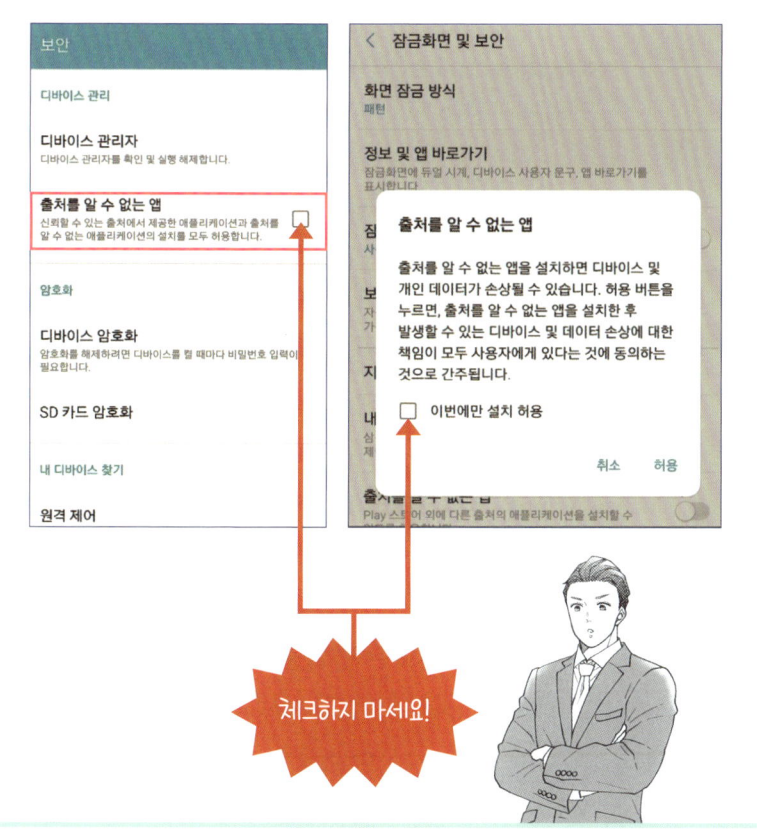

## 이것만은 꼭 기억해요

1. 개인 정보는 악용되거나 범죄에 이용될 수 있으므로 게시물을 가볍게 올리지 않도록 해요.

2. 이름이나 주소 등 문자로 된 정보는 물론, 사진이나 동영상에도 개인 정보가 있을 수 있어요.

3. 터무니없는 요금을 청구하거나 개인 정보 입력을 요구하는 사이트에는 접속하지 마세요.

4. 고액의 현금을 주는 이벤트 메시지 따위를 절대 믿지 마세요. 세상에는 공짜가 없어요.

5. 바이러스를 차단하는 방법을 실천하고, 악성 애플리케이션 등을 내려받지 마세요.

### 더 알아보기

# 온라인 게임을 할 때도 조심!

**모르는 사람들과 게임을 함께하는 즐거움**

컴퓨터 네트워크를 이용한 온라인 게임은 종류가 다양해서 자신이 좋아하는 스타일의 게임을 고르는 재미가 있어요. 많은 사람과 동시에 게임을 즐길 수 있다는 점이 인기의 이유이기도 해요. 낯선 사람과 팀을 이루어 서로 겨루면서 아이템을 획득하는 등 흥미로운 요소들이 많아요. SNS 같은 채팅 기능도 있어 게임을 하면서 대화도 나눌 수 있지요. 물론 조심해야 할 점도 많지만, 규칙을 지키고 예의를 갖추면 즐겁게 게임을 즐길 수 있어요.

규칙을 지키면서 재미있게 즐겨요!

# 온라인 게임의 유료 결제

### 무료로 즐길 수 있는 게임도 많아요

새로 게임을 사거나 돈을 지불하지 않아도 얼마든지 즐길 수 있는 온라인 게임도 많아요. 단, 게임을 하는 도중에 아이템이나 카드를 사면 게임을 유리하게 진행할 수 있지요. 처음에는 무료로 게임을 시작하지만, 게임을 할수록 아이템을 가지려고 유료 결제를 하게 되고, 결제가 반복되면서 문제가 생기게 돼요.

### 어떻게 결제가 되나요?

게임에서는 현금 대신 게임 머니로 아이템을 살 수 있어요. 스마트폰으로 게임 머니를 충전할 경우, 스마트폰 요금에 게임 머니 충전 요금이 추가되는 방식으로 결제가 이루어져요. 신용 카드로 결제하거나 편의점에서 게임 머니 카드를 구입해서 결제하기도 해요. 게임마다 요금 결제 방법이 달라요. 결제 방식을 제대로 이해하기 전에는 유료 게임은 하지 않는 것이 좋아요.

## 온라인 게임 문제 ① 과다한 요금 결제

### 어떤 문제가 있나요?

**CASE ①**

한 초등학생이 친구들에게 휴대전화 통신사 결제를 사용하면 되니까 돈은 필요 없다는 이야기를 듣고, 스마트폰 온라인 게임을 결제해 지나치게 높은 요금이 청구되었어요.

**CASE ②**

한 초등학생이 온라인 게임으로 백만 원이 넘는 돈을 결제했지만, 부모님께 전송된 결제 완료 메시지를 아이가 지워 버려 부모님이 알지 못했어요.

**CASE ③**

한 초등학생이 부모님 계정의 가정용 게임기를 가지고 놀다가 계정에 등록된 신용 카드를 이용해 요금을 결제했어요.

### 무엇이 문제였을까요?

가족의 계정으로 게임을 하면 이런 문제가 발생하지요. 보통 보호자보다 아이들이 온라인 게임에 더 많은 시간을 쏟기 때문에 보호자 모르게 게임 요금을 결제하는 일이 벌어지기도 해요. 게임에 돈을 지출하는 것 자체는 나쁜 일은 아니지만, 게임을 하기 전에 가족과 대화를 나누어 볼 필요가 있어요.

### 온라인 게임 문제 ② 계정 정보 유출

## 어떤 문제가 있나요?

**CASE ①**

온라인 게임 아이템을 줄 테니 아이디와 비밀번호를 알려 달라는 메시지를 받았어요. 아이템이 갖고 싶어서 아이디와 비밀번호를 알려 주고 말았어요.

**CASE ②**

실제 서비스와 똑같아 보이는 가짜 사이트에 접속해서 아이디와 비밀번호를 입력해 버렸어요.

**CASE ③**

비밀번호를 누구나 쉽게 알 수 있는 이름이나 생년월일로 설정해 두었더니 계정을 도둑맞고 말았어요.

## 무엇이 문제였을까요?

게임 계정을 만들 때 입력하는 정보는 이메일 주소와 비밀번호 그리고 휴대전화 번호와 결제를 위한 신용 카드 번호도 함께 포함되어 있어요. 특히 이런 계정을 빼앗기게 되면 이메일 정보도 함께 넘어가 이메일 주소록과 같은 다른 사람의 개인 정보도 함께 넘어가게 된답니다. 게임 계정을 판매하는 사이트도 있는데, 희귀한 아이템을 많이 보유한 계정은 높은 금액에 거래되기도 해요. 절대로 자신의 계정을 다른 사람에게 알려 줘서는 안 돼요.

## 온라인 게임 때문에 생기는 문제를 막으려면

### ① 가족과 미리 이야기를 나눠요

게임을 하면 요금을 현금으로 지불하지 않기 때문에 돈을 쓴다는 느낌이 들지 않아요. 게임에 돈을 쓰는 게 나쁜 일은 아니지만, 결제 한도나 결제 방법에 대해 미리 가족과 대화를 나누어 규칙을 정해 두는 것이 좋아요.

### ② 아이디와 비밀번호를 절대 알려 주지 마세요

모르는 사람은 물론이고 친한 친구 사이라도 자신의 아이디와 비밀번호를 절대로 알려 주지 마세요. 친구도 모르게 유출될 수도 있어요. 또한, 다른 사람의 아이디나 비밀번호를 듣게 되어도 기억하지 않도록 해요.

### ③ 안전한 비밀번호를 만들어야 해요!

누구든 떠올리기 어려운 비밀번호를 만들어야 해요. 예를 들면 첫 글자는 대문자, 마지막 문자는 특수 문자를 넣는 방식으로 나만이 알 수 있는 비밀번호 공식을 만드는 거죠. 생년월일 핸드폰 뒷자리와 같은 비밀번호는 금방 노출될 수 있으니, 본인의 비밀번호를 점검해 보고 안전한 비밀번호로 바꾸도록 하세요.

> 내 비밀번호가 얼마나 안전한지 알려 주는 사이트
> https://www.security.org/how-secure-is-my-password

### 온라인 게임을 즐기는 아이를 둔 보호자에게

게임 계정을 만들 때 입력한 정보에는 아주 중요한 개인 정보가 들어 있어요. 특히 이메일 아이디와 비밀번호가 유출되면 주소록과 메모장 그리고 클라우드(cloud)와 같은 파일 보관함도 함께 넘어가는 거예요. 메모장에 기록해 놓은 여러 비밀번호가 유출된 일도 있었어요. 그러니 게임 계정 정보를 알려 주는 건 아파트 현관문 비밀번호를 알려 주는 것과 같다고 알려 주세요.

## 온라인 게임에 지나치게 의존하지 않으려면

### ① 게임을 하는 시간과 장소를 정해요

온라인 게임을 하는 것이 나쁜 일은 아니에요. 단 규칙을 지킬 필요는 있어요. 식사 시간이나 자기 전에는 게임을 하지 않고, 방이 아닌 거실에서 게임을 하는 등, 가족과의 대화를 통해 게임을 하는 시간이나 장소를 정해서 지키도록 해요.

### ② 게임 결제 한도를 정해요

한 달 또는 정한 기간 동안 결제할 수 있는 금액을 정하세요. 가족과의 대화를 통해 적정 한도를 정하고 보호자가 자녀의 스마트폰이나 게임기를 관리할 수 있는 기능을 설정해서, 보호자의 허락이 없이는 결제할 수 없게 하는 방법도 있어요.

### 보호자와 자녀가 함께 게임을 즐겨 보세요!

'온라인 게임은 잘 모르겠어.'라고 말하는 어른들이 많아요. 만약 보호자가 자녀가 즐기는 온라인 게임에 대해 잘 모른다면 실제로 게임을 해 보는 것이 좋아요. 게임을 해 보면서 게임의 방식이나 위험성을 이해하고, 곤란한 상황이 생겼을 때 어떻게 하면 좋을지 미리 생각해 둘 수도 있어요. 가족이 함께 게임을 즐겨 보세요.

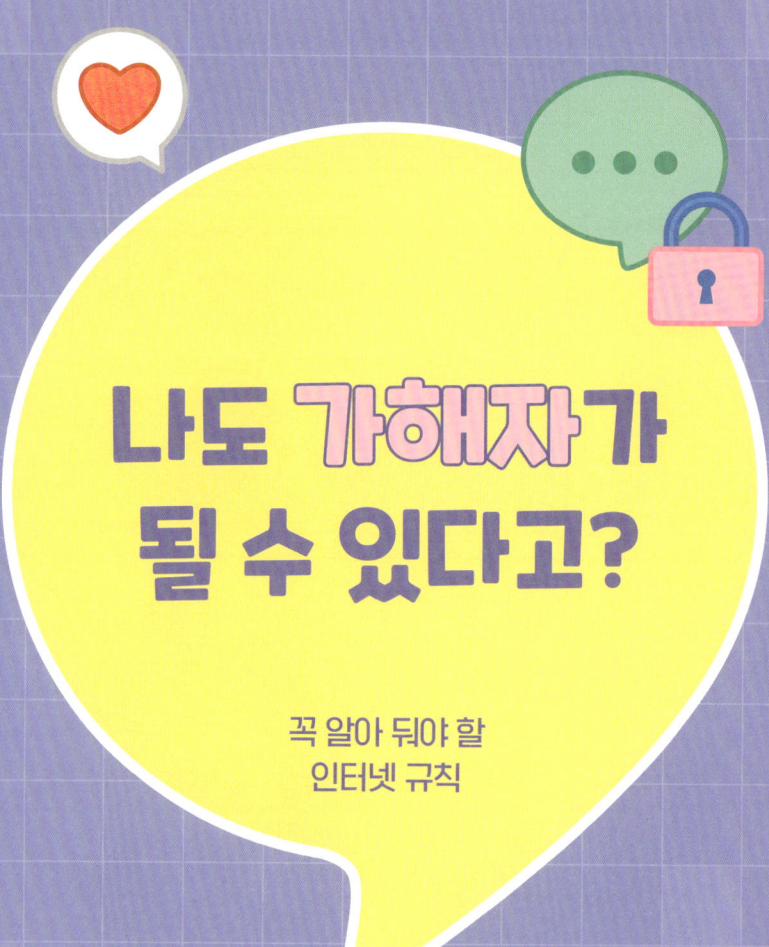

# 나도 가해자가 될 수 있다고?

### 꼭 알아 둬야 할 인터넷 규칙

스마트폰이나 SNS는 조작이 쉽고 편리하기 때문에 주의를 기울이지 않으면 문제가 생기는 경우도 있어요. 여기에서는 법으로 엄격하게 다루고 있는, 해서는 안 되는 행동에 대해 소개해요.

## 인터넷에 게시물을 올리기 전에 알아 두기 ①
# 초상권

**다른 사람이 찍힌 사진을 함부로 올려서는 안 돼요!**

사진을 올리는 일은 SNS의 즐거움 중 하나예요. 하지만 마음대로 사진을 올려서는 안 되는 경우도 있어요. 예를 들어 얼굴 사진과 같이 그 사람이 누군지를 알 수 있는 사진을 함부로 SNS에 올려서, 다른 사람들에게 공개해서는 안 돼요. 나쁜 사람들에게 악용될 가능성이 있으며 '초상권 침해'가 된답니다. 누군가가 함께 찍힌 사진을 올릴 때는 반드시 사진에 찍힌 사람의 허락을 받도록 해요.

게시물을 올릴 때는 사진에 나온 모두에게 확인을 받아야 해요!

**Q** 유명한 사람의 사진도 올리면 안 돼요?

**A** 유명인의 사진도 마찬가지예요!

'배우나 가수 등 유명인이면, 누구나 얼굴을 아니까 사진을 올려도 되겠지.'라고 생각할 수도 있어요. 우연히 마주친 유명인의 얼굴을 직접 촬영한 사진이라도 인터넷에 올려서는 안 돼요. 초상권 침해가 되는 것은 물론이고, 유명인의 사진은 경제적 가치를 가지는 경우가 많아서 얼마든지 악용될 수 있어요.

### 프라이버시 침해란 무엇인가요?

'프라이버시'라는 말을 들어 본 적이 있지요? 프라이버시란 '개인의 비밀', '다른 사람의 간섭을 허락하지 않는, 사생활의 자유'를 말해요. 누구나 자신의 비밀이 다른 사람에게 알려지길 바라지 않죠. 우리는 한 사람에 대한 비밀이나 사생활의 자유를 마음대로 공개해서는 안 돼요. 인터넷에서 누군가의 개인 정보를 공개하거나 비밀을 밝히는 행위는 '프라이버시 침해'가 될 수 있어요.

## 인터넷에 게시물을 올리기 전에 알아 두기 ②
# 저작권

### 책 속 내용을 찍어 인터넷에 올리면 안 돼요!

책이나 잡지, 일러스트, 영화 등 자신의 생각이나 감정을 단어나 문자, 그림, 음악, 동영상 등의 형태로 표현한 것을 '저작물'이라고 합니다. 저작물을 만든 사람에게 주어지는 권리가 '저작권'이에요. 이런 저작물을 마음대로 인터넷에 공개하는 것은 법으로 금지되어 있어요. 돈을 주고 구매한 책이나 만화라고 해도 표지가 아닌 책 속 내용을 찍어 인터넷에 올리면 안 돼요.

서점에 진열된 책을 촬영하는 것도 금지예요!

**Q** 어떤 것들에 저작권이 있나요?

**A** 모든 창작물에는 저작권이 있어요.

저작권 보호를 받을 수 있는 저작물은 무척 다양해요. 우리가 잘 알고 있는 노래나 사진, 그림은 물론이고, TV 프로그램, 인터넷에 있는 동영상, 게임이나 컴퓨터 소프트웨어 등과 소설이나 각본, 시, 강연이나 연설에도 저작권이 있어요. 창작의 결과물을 저작권자의 허락을 받지 않고 마음대로 사용하는 행동을 저작권 침해라고 해요. 만일 다른 사람이 찍어서 블로그에 올려놓은 사진을 써야 할 때는 다른 사람의 것을 이용했음을 꼭 표시해야 해요. 또한, 음악이나 게임, 영화를 돈을 내지 않고 내려받거나 소프트웨어를 마음대로 복제하여 친구들에게 나누어 주어서도 안 돼요.

### 생활 속에서 범하기 쉬운 저작권 침해의 예
- 숙제나 보고서를 쓸 때 남의 글이나 그림을 베껴 제출하기
- 숙제나 보고서를 쓸 때 인터넷 자료를 그대로 옮겨 제출하기
- 공식 사이트가 아닌 곳에서 영화나 노래를 올리거나 내려받기

**불법 복제 사이트에 주의하세요!**

# 불법 복제 사이트를 이용하지 마세요!

## 왜 불법 복제 사이트를 이용하면 안 되나요?

불법으로 복사한 음악이나 영상을 인터넷에서 다운로드할 수 있는 사이트를 불법 복제 사이트라고 해요. 저작물을 구입하거나 재생, 내려받을 때에는 저작물을 만든 사람에게 저작권 사용료를 지불하지요. 하지만 불법 복제물은 사용료를 정당하게 지불하지 않고, 더 싼 비용으로 불법으로 올린 사람에게 줘요. 불법 복제 사이트에는 절대 접속하지 마세요. 개인 블로그에 원작자의 동의 없이 올려놓은 파일을 내려받는 것도 위법이고, 무료 파일 공유 사이트에 접속해 내려받는 것도 위법이에요.

무단으로 전송하는 것도

불법 복제 사이트에서 다운로드하는 것도

모두 불법 행위로 처벌 대상이에요!

**Q** 다운로드한 다음 불법인 걸 알게 되었다면요?

**A** 죄를 묻지 않지만, 세심한 주의를 기울여야 해요!

무단으로 저작물을 복사해서 불법 복제물을 만들고, 판매하거나 전송하는 것은 불법이에요. 불법 복제물임을 알면서 다운로드하거나 사는 행위도 불법이지요. 단, 불법 복제물이라는 사실을 나중에 알게 되었다면 처벌받지는 않아요. 평소 수상한 사이트에 접근하지 않도록 주의하세요.

### 공식 다운로드 사이트를 이용하세요

불법 복제 사이트가 아닌, 공식 다운로드 사이트에는 아래와 같은 마크가 있어요. 무료로 즐길 수 있는 공식 다운로드 사이트나 애플리케이션도 많아요. 불법 복제 사이트는 클릭하는 것만으로 바이러스에 감염될 수 있으니 주의해야 해요.

#### 공개 저작권 이용 사이트

- 한국저작권위원회 공유 마당 https://gongu.copyright.or.kr/gongu/main/main.do
- 유튜브 라이브러리 https://www.youtube.com/audiolibrary

#### 저작권 안심(Copyright OK) 찌엉 마크를 기억하세요!

열쇠는 저작권 보호의 유통·이용, 안전, 활성화를 위한 건강한 저작권 생태계 활성화를 상징하며, 모두가 안전하고 건전하게 사용할 수 있는 콘텐츠임을 확인하는 표시예요.

**온라인**

온라인 홈페이지 하단이나 모바일 앱 하단에 마크가 있어요.

**오프라인**

오프라인 매장 내부 또는 외부에 마크가 있어요.

제공: 한국저작권보호원

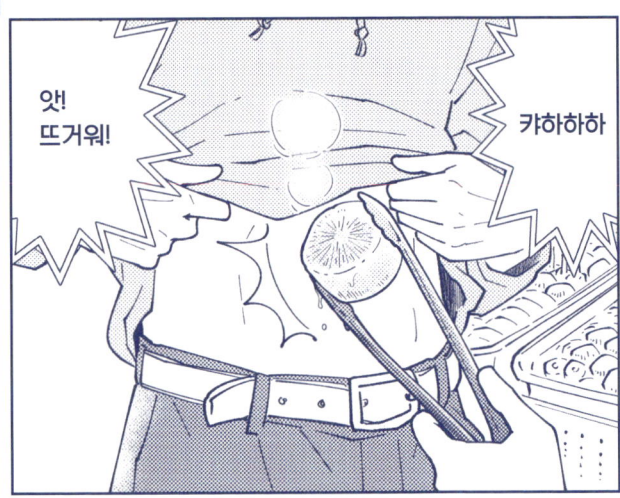

# 불건전한 동영상이 무엇인가요?

## 지나친 장난이나 폭력적인 내용을 담은 동영상이에요

SNS에서 부적절한 동영상(사람이나 동물, 식물 등에 해를 끼치거나, 잔인하거나 폭력적인 내용 등)을 게시하는 사건이 계속 이어지고 있어요. '주목받고 싶다', '세상을 떠들썩하게 만들고 싶다' 같은 가벼운 생각으로 게시물을 올리고는, 그저 장난이라며 미안해하지 않죠. 이는 범죄로 이어지기도 해요. 이런 동영상은 절대로 올려서도 안 되고 봐서도 안 돼요.

**직장에서의 테러**

아르바이트 점원이 일하는 곳에서 장난을 치거나, 음식점에서 비위생적인 행위를 하는 등의 부적절한 내용을 담은 동영상을 올린 사례. 엄청난 비판이 쏟아졌고, 해당 가게는 문 닫을 위기에 처하기도 했어요.

**민폐 유튜버**

다른 사람에게 피해를 주는 행위를 반복하거나 피해를 주는 장면을 촬영한 동영상을 게시하는 유튜버. 조회수를 늘리는 게 목적이에요. 계산 전에 음식을 먹는 모습을 찍어 올려서 절도 혐의로 체포된 사례도 있어요.

# 단순한 짱난이 아니에요!
## 불건전한 동영상의 영향

### 불건전한 동영상을 올리면

나쁜 장난을 치는 모습을 담은 사진이나 동영상을 올린다

⬇

사진이나 동영상이 퍼진다

⬇

자신의 장래에 큰 영향을 미친다

⬇

- 학교에서 퇴학
- 취업이 어려워짐
- 원하는 대학에 불합격

## 불건전한 동영상을 보고 즐기는 행동도 위험해요!

### 진정으로 '재미있는 것'이란 무엇일까요?

만약 여러분이 주위에 폐를 끼치는 유튜버의 동영상이나 다른 사람을 곤란하게 만드는 불건전한 동영상을 즐기고 있었다면, 진정으로 '재미있는 것'이 무엇인지를 제대로 이해하지 못한 거예요. 이런 일이 계속되면, 그런 동영상을 즐기는 일이 나쁜 일이라고 생각하지 못하고, 나중에는 불건전한 동영상을 올리게 될 수 있답니다. 진심으로 '재미있어!'라는 생각이 들고 여러분을 웃음 짓게 하는 것이 무엇인지를 곰곰이 생각해 보세요.

### 이런 동영상에 익숙해지면 안 돼요!

재미있는 동영상을 보고 있으면, 비슷한 내용의 동영상을 자동으로 추천해 주는 서비스로 인해 마음만 먹으면 쉬지 않고 동영상을 볼 수 있어요. 그러다 보면 자신도 모르게 인터넷과 스마트폰에 중독되고 말아요. 스스로 조절하는 능력을 키우는게 가장 중요하지요. 필요하다면 전문가의 도움을 받는 것도 좋아요.

무언가를 보고 재미있다고 생각하는 것은 가치관과 큰 상관이 있어요. 그래서 어릴 때부터 다양하고, 재미있는 경험을 많이 쌓는 것이 매우 중요하답니다.

## 이것만은 꼭 기억해요

1. 다른 사람을 찍은 사진을 올릴 때에는, 반드시 당사자의 허락을 받아야 해요.

2. 책이나 만화의 본문 사진, 다운로드한 음악이나 영화 등을 올리면 안 돼요.

3. 불법으로 복사한 음악이나 동영상을 올리는 사이트에서는 절대 다운로드하지 마세요.

4. 음악이나 동영상을 다운로드해서 즐기고 싶을 때는, 공식 다운로드 사이트를 이용하세요.

5. 불건전한 동영상은 봐서는 안 돼요. '재미있는 것'이 무엇인지, 가족과 대화를 나눠 보세요.

**더 알아보기**

# 스마트폰 사용 규칙을 가족과 함께 정해요!

가족과 시간이나 장소, 게시물의 내용 등에 관해 이야기를 나누고, 모두가 받아들일 수 있는 규칙을 정하는 것이 중요해요.

### ① 스마트폰을 사용하는 시간을 정해요

스마트폰은 한번 사용하기 시작하면 멈추기가 어려워요. '하루에 1시간', '주말은 2시간' 또는 '밤 9시 이후에는 사용 금지' 등 사용 시간을 정해 두세요.

### ② 스마트폰을 사용하는 장소를 정해요

스마트폰을 사용하는 장소도 정하세요. '거실이나 어른이 지켜볼 수 있는 곳에서 사용한다.', '자기 방에서는 사용하지 않는다.', '식사 중이나 공부할 때는 곁에 두지 않는다.' 등 가족과 충분히 대화를 나눈 다음 정해 보세요.

### ③ 애플리케이션을 다운받을 때도 의견을 나눠요

악성 애플리케이션을 다운로드하게 되면, 바이러스 감염, 개인 정보 유출 등의 문제에 휘말릴 수 있어요. 유료 애플리케이션도 있으므로 반드시 보호자와 이야기를 나누고 허락을 받으세요.

### ④ 개인 정보나 사진을 마음대로 올리지 마세요

자신이나 가족, 친구의 이름 등 개인 정보가 드러나는 사진을 함부로 인터넷에 올려서는 안 돼요. 사진을 게시할 때 개인 정보가 드러나는 부분이 있는지 확인하세요.

### ⑤ 모르는 사람에게 연락처를 알려 주지 마세요

가족에게 말한 적 없는 사람과는 채팅하지 않는 것이 기본이에요. 물론 모르는 사람에게 연락처를 알려 주거나 가볍게 만나서도 안 돼요. 많은 대화를 나누었다고 해도 만날 때에는 언제, 어디에서, 누구와 만나는지를 가족에게 빠짐없이 말하세요.

### ⑥ 곤란한 일이 생겼을 때는 반드시 가족에게 말해요

'이런 일을 말하면 분명 혼날 거야.', '걱정 끼치고 싶지 않아.' 등의 이유로 가족이나 어른에게 미리 말하지 않았다가 범죄에 휘말리는 경우가 많아요. 곤란한 일이 생겼을 때는 망설이지 말고, 반드시 보호자나 믿을 수 있는 어른에게 상담을 요청 하세요.

가족과 많은 이야기를 나누어 보고, 궁금한 것은 꼭 물어보는 것이 좋아요.

# 도대체 누가 수상한 사람일까?

온가족이 알아 두면
좋은 범죄 상식

수상한 사람을 만났을 때 어떻게 해야 하는지 학교에서 배운 적이 있을 거예요. 그렇다면 수상한 사람이란 어떤 사람일까요? 꼭 기억해 두어야 할 범죄 예방 지식을 소개해요.

① 나무나 담 등으로 인해 가려진 사각지대

[예]
· 나무로 둘러싸인 공원
· 공원 안 화장실
· 담이 높아서 주택 창문에서 바깥 상황을 파악하기 힘든 도로

② 인적이 드물거나 주위에 주택이 없어 사람들 눈에 띄지 않는 장소

주위가 온통 밭이라 사람이 없는 곳이지.

③ 지저분하거나 황폐한 곳

[예]
· 공터
· 잡초가 무성한 공원
· 낙서가 많은 곳
· 녹슨 놀이기구가 있는 공원
· 가로등이 꺼져 있거나, 꺼질 듯이 깜빡거리는 길
· 함부로 버려진 큰 쓰레기가 있는 곳

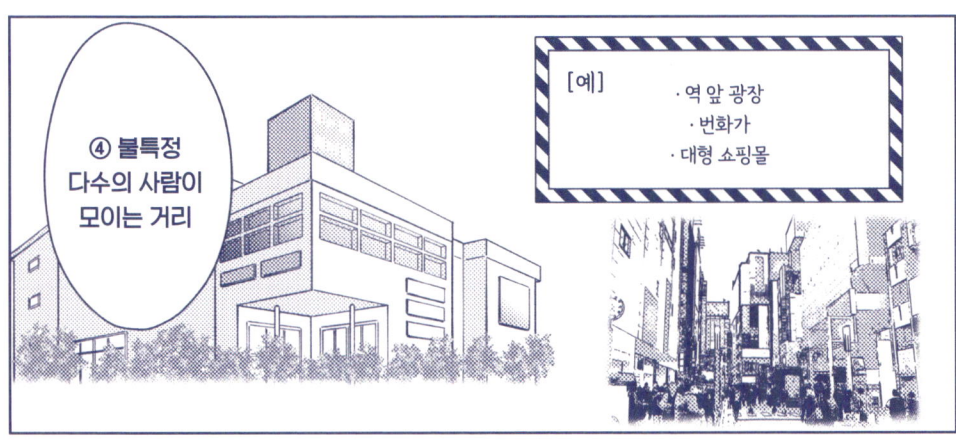

# 위험한 장소는 어디일까요?

'들어가기 쉽지만, 잘 보이지 않는 곳'은 우리 주변에 많이 있어요. 다음 A와 B 그림 중에서 어느 쪽이 위험한 장소인지 찾아보세요.

 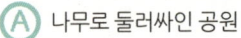

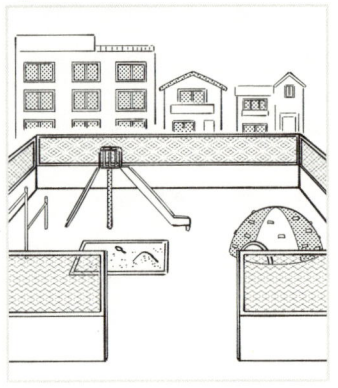

## 공원

**위험 A**

**사람들 눈에 띄기 어려워요**
울창한 나무에 둘러싸여 있어서 공원 안의 상황을 알기 어려워요. 또, 주변에 주택이나 상점이 없으므로 사람들의 시선이 닿지 않아요.

**범행 대상 어린이를 찾기 쉬워요**
놀이 기구 바로 근처에 벤치가 있어서, 놀고 있는 아이들을 찾거나 벤치에서 말을 걸어도 의심받지 않아요. 또 벤치가 공원 안쪽을 향하고 있어서, 밖에서 아이를 물색하고 있는 수상한 사람이 있어도 눈치채기 어려워요.

**공원 안으로 들어가기 쉬워요**
입구가 넓고, 나무 사이로 누구나 출입하기 쉬워요. 또 울타리가 없어서 범인이 어느 방향으로든 쉽게 도망갈 수 있어요.

## 주택가

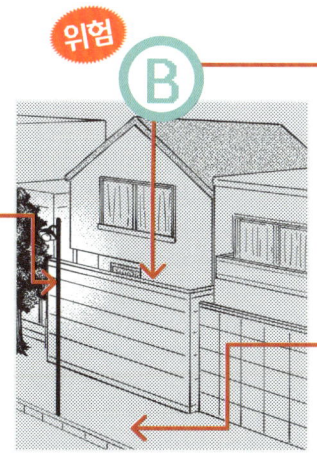

**위험 B**

**도로 모습을 보기 어려워요**
주택이 있지만 높은 담으로 둘러싸여 있어, 집 안에서 밖에 있는 사람의 모습을 볼 수 없어요. 또, 출입문이 없어서 도망치기 곤란해요.

**어둑어둑해서 범행의 대상이 되기 쉬워요**
완전히 어두컴컴하다면 범인도 범행 대상을 찾기 어려워요. 사람 얼굴이 보일 정도의 거리에서 범죄가 잘 일어나므로 주의해야 해요.

**목격해도 잡기 어려워요**
집 안에 있는 사람이 밖을 보고 있다고 해도, 도로로 나오기까지 시간이 걸려요. 그 사이에 범인은 도망가 버리지요.

# 우리 동네 안전 지도를 만들자!

여러분이 살고 있는 동네에는 어떤 위험한 장소가 있는지 체크해 보세요! 가족이나 친구와 함께 지도를 만들어 보면서 위험한 상황에 미리 대비해 보세요.

### STEP 1
#### 범행이 일어나기 쉬운 장소의 조건을 알아 보세요

'들어가기 쉽지만, 잘 보이지 않는 곳'은 어떤 특징이 있는지 생각해서 적어 보세요. 제대로 외워 두었더라도 잘 떠오르지 않는 내용도 있을 거예요. 친구나 가족과 함께 확인하면서 적어 보세요.

### STEP 2
#### 실제로 가서 걸으면서 확인해 보세요

가족과 함께 살고 있는 동네나 자주 가는 지역을 다녀 보세요. 위험해 보이는 장소를 발견하면, 잊지 않도록 사진을 찍어 두세요. 동네 사람에게 위험해 보이는 장소를 물어보는 것도 좋아요.

### STEP 3
#### 지도에 메모나 사진을 붙여 보세요

커다란 종이에 걸어 다녔던 동네 지도를 간단하게 그려 보세요. '들어가기 쉽지만, 잘 보이지 않는 곳'에 해당하는 위치에 찍어 둔 사진을 붙이고, '큰 쓰레기가 많이 쌓여 있었다.' 처럼 기억해 두어야 할 정보들을 메모해 주세요. 지도를 본 사람들과 우리 동네의 위험 장소를 공유하면, 우리 동네의 방범 의식이 한층 높아질 거예요.

# 우리 동네 안전 지도

우리 동네 안전 지도를 많은 사람에게 알리면, 자칫 위험한 순간에 도움을 구하기 쉬워져요!

**도대체 누가 수상한 사람일까?**

# 나의 안전은 내가 지켜요!

나의 안전을 생각한다면 미리 조심하는 것이 가장 중요해요. 평소 행동할 때 경계심을 가지고 방심하지 않아야 해요. 일어날 수 있는 여러 위험과 경계 방법을 체크해 보세요.

### 특히 조심해야 할 시간　등하교 시간을 노리는 범죄자가 많아요

어린이가 피해를 입은 범죄는 주로 등하교 시간, 특히 하교 시간대에 많아요. 혼자서 하교하는 어린이들이 있기 때문이에요. 또, 학원에 오가는 시간대에도 주의해야 해요. 되도록 혼자서 다니지 마세요. 보호자와 동반하거나, 친구들과 여럿이서 다니도록 하세요.

### 집에 혼자 있을 때　인터폰이 울려도 대답하지 말아요

택배 기사나 전기·가스 검침원인 척하며 들어오는 강도도 있어요. 집에 혼자 있을 때는 인터폰이 울려도 나가지 않도록 하세요. 단, 지나치게 숨죽이고 있으면 빈집이라고 여겨 도둑이 들어올 수도 있으므로, 텔레비전을 보거나 게임을 하는 등 평소대로 있는 것이 좋아요.

### 도로에서 　누군가 따라오면 가끔 멈춰 서세요

사람이 없는 도로에서 뒤따라오는 사람이 있다면 어슬렁거리거나 가끔씩 멈춰 서면서 상황을 파악하세요. 좌우로 오가며 불규칙적으로 방향을 바꾸며 걷거나 빠른 걸음으로 걸었다가 가볍게 달리기도 하는 등 걷는 속도를 달리해 보세요. 그럼에도 일정한 거리를 유지하면서 따라오는 사람이 있다면, 112에 신고합니다. 또, 안전한 곳에 잠시 멈춰 서서 전화하는 척하며 누군가와 대화하는 시늉을 해 보세요. 멈춰 선 사이에 뒤에서 따라오던 사람을 자연스레 앞으로 보낼 수 있어요.

### 지하철에서 　집에 있는 듯 편하게 있으면 안 돼요

최근 지하철 흉악 범죄가 눈에 띄게 늘고 있어요. 지하철 안에서 화장을 하거나 꾸벅꾸벅 졸거나 스마트폰에 집중하는 사람들이 많아요. 이런 행동은 범죄자의 표적이 되기 쉬워요. 주위를 잘 살피며 경계하세요. 만일의 상황에 처했을 때 바로 도망칠 수 있도록 비상벨 위치를 확인해 두거나, 지하철 안에 어떤 사람이 타고 있는지 슬쩍 봐 두도록 해요.

엘리베이터나 공중화장실도 폐쇄된 공간이 될 수 있으므로, 혼자서는 사용하지 않도록 합니다. 혼자서 사용할 때는 주위를 경계하세요.

# 만일의 사태를 대비해 미리 알아 두세요!

## ✓ 도움을 청할 때는 상대방을 구체적으로 지목하세요

큰 목소리로 '도와주세요!'라고 외쳐도, 거리를 오가는 사람들은 다른 사람이 도와줄거라 여겨 멈추지 않을 수도 있어요. 도움을 청할 때는 '거기 빨간 안경 쓴 형! 도와줘!'처럼 상대방을 구체적으로 지목하세요.

## ✓ 긴급 통화 방법을 기억해 두세요

스마트폰마다 긴급 통화를 설정하는 방법이 있어요. 내 스마트폰의 긴급 통화 설정을 확인하고 위험한 상황에 바로 대응할 수 있도록 기억해 두세요. 공중전화에도 긴급 통화 버튼이 있어요. 공중전화의 수화기를 들어 긴급 통화 버튼을 누르면, 112나 119로 전화를 걸 수 있어요. 긴급 통화 버튼이 없는 경우에는 수화기를 들고 바로 번호를 눌러요. 긴급 통화는 무료로 이용할 수 있어요.

## ✓ 세계 공통 SOS 수신호를 알아 두세요

가해자가 가까이에 있어서 소리 내어 도움을 요청하기 어렵거나 긴급 메시지를 보낼 수 없을 때, SOS를 요청하는 세계 공통 수신호를 사용하세요. 오른쪽 그림 ①~③을 반복하면 된답니다. 수신호를 알아챈 사람이 신고해 줄 거예요. 그러니 우리 모두를 위해서는 SOS 수신호를 알아 두도록 해요.

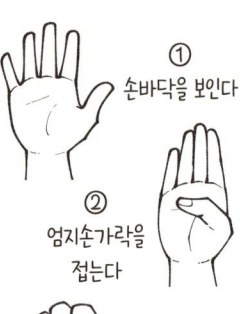

① 손바닥을 보인다
② 엄지손가락을 접는다
③ 엄지손가락을 숨긴다

## 이것만은 꼭 기억해요

1. 범죄자는 평범한 모습으로 다니고 있어요. 겉모습으로 수상한 사람을 판단하기는 어려워요.

2. 범죄가 일어나기 쉬운 곳은 가까이 가지 말고, 반드시 가야 한다면 여럿이 함께 가도록 해요.

3. 안전 지도를 만들면 공간을 해석하는 능력이 생겨서 낯선 곳을 갈 때 도움이 돼요.

4. 수상하다고 생각되는 사람이 말을 걸면 먼저 질문해 보세요. 상대를 당황하게 할 수 있어요.

5. 만약을 대비해 경계하는 방법, 도움을 청하는 방법, 긴급 전화를 거는 방법을 기억하세요.

**더 알아보기**

# 곤란한 문제가 있을 때, 상담받을 수 있는 곳

가족이나 친구에게 밝히기 어렵거나, 어떻게 하면 좋을지 모를 때, 상황을 그대로 내버려 두거나 혼자 끙끙대지 말고 전문가에게 상담을 받으세요.

### 디지털 성범죄와 관련한 일

**가정폭력, 성폭력, 성매매 피해자를 위한 긴급 지원** 1366

**서울시 디지털 성범죄 피해자 지원 센터**
https://d4u.stop.or.kr  02-735-8994

**경기도 디지털 성범죄 피해자 원스톱 지원센터**
https://www.gwff.kr/031cut/main.html  1544-9112

**한국 성폭력 상담소** 02-338-5801

**경찰청 사이버 수사국** https://ecrm.police.go.kr/minwon/main

**경찰청 성범죄 상담** 02-2193-1772

### 악성 댓글과 관련한 일

**한국방송통신심의위원회 상담전화** 1377

**경찰청 사이버 수사국** https://ecrm.police.go.kr/minwon/main

**경찰청 사이버 안전지킴이** https://www.police.go.kr/www/security/cyber.jsp

### 사이버 폭력과 관련한 일

## 학교 폭력 신고센터 117

**휴대폰 문자** #1388 또는 #0117

**인터넷 신고** https://www.safe182.go.kr

**Wee 센터 홈페이지** https://www.wee.go.kr

**청소년 사이버 상담센터** https://www.cyber1388.go.kr

**경찰청 사이버 수사국** https://ecrm.police.go.kr/minwon/main

### 온라인 개인 정보와 관련한 일

## 개인 정보 침해 신고센터 118

**개인 정보 침해 신고센터** https://privacy.kisa.or.kr/main.do

**경찰청 사이버 수사국** https://ecrm.police.go.kr/minwon/main

### 우리 아이 스마트폰 관리하기!

**사이버 안심존** https://ss.moiba.or.kr

아이들의 스마트폰 중독을 예방하고 올바른 스마트폰 이용 습관을 들일 수 있도록 가정과 학교에서 아이의 스마트폰 이용 시간 등을 관리하고 지도하도록 돕는 서비스예요. 웹사이트를 이용하거나 안드로이드 OS를 사용하는 스마트폰이면 애플리케이션을 다운받아 이용할 수 있어요.

**스마트 안심 드림**

유해 콘텐츠를 감지해 자동으로 삭제하고 관리해 주는 애플리케이션. 아이가 사이버 언어폭력 의심 문자나 음란성 의심 문자를 문자를 받으면 부모에게 알려 주고, 스마트폰 인터넷에 접속해 학교 폭력과 관련한 단어를 검색하면 검색한 단어와 조회한 인터넷 사이트를 부모에게 알려 줘요. 또 아이의 스마트폰에 불건전한 동영상이 감지되면 삭제한 다음 부모에게 알려 줘요.

## 다 같이 안전하고 건강한
## 디지털 세상을 만들어요

안녕하세요. 저는 이 책의 감수를 맡은 박중현 수사관이에요. 사이버 범죄 수사를 10년째 하고 있답니다.

스마트폰은 전 세계를 마음대로 여행할 수 있는 자유 이용권과 같아요. '사이버 공간'에서는 상대방이 누구인지 정확히 알 수 없어요. 그래서 더 위험하지요. 모든 사이버 범죄를 막을 수는 없겠지만 미리 알아 두면 좀 더 안전하게 디지털 세상을 즐길 수 있을 거라는 믿음으로 이렇게 여러분들과 만나게 되었어요.

한 친구의 이야기를 들려줄게요. 이 친구는 학교 폭력 피해로 학교를 그만두고 홈스쿨링으로 공부하던 중 스마트폰 범죄 피해를 당했다며 경찰서를 찾아왔어요. 평소 허락된 시간에만 스마트폰을 쓸 수 있었는데, 집에서만 지내다 보니 친구가 그리워 익명의 사람들과 채팅을 하는 '랜덤 채팅'에 접속했답니다. 특정 누군가와 채팅을 주고받으면서 가까워졌고, 호감을 느끼게 되면서 상대방의 요구에 따르게 되었어요. 그리고 자신이 사용하던 SNS의 아이디와 비밀번호를 넘겨주게 됩니다. 바로 여기서 실체를 전혀 알지도 못하는 사람에게 'SNS 계정과 비밀번호를 넘겨주면 모든 것을 들여다볼 수 있다'라는 교육을 단 한 번이라도 받았다면 이런 일은 일어나지 않았을 거예요. 결국, 계정 정보를 넘겨받은 다음 비밀번호를 바꿔 버려 이 친구가 접속하지 못하게 만들었고, 그 계정으로 온갖 범죄 행위를 저질러 이 친구가 그 피해를 고스란히 받아야 했지요. 하지만 이 모든 건 이 친구의 잘못이 아니에요. 벌을 받아야 할 사람은 랜덤 채팅에 접속한 범죄자이고, 이를 내버려 둔 회사에 책임이 있지요.

전 세계의 범죄자들이 인터넷으로 속속 모이고 있어요. 범죄자들은 외국인인지 남자인지 여자인지는 중요하지 않아요. 오직 그들은 개인 정보와 돈, 성을 노리고 있습니다. 특히 코로나 이후 사이버 범죄자들의 활동 영역이 확장되었어요. 사이버 범죄로부터의 안전지대를 만들기 위해서는 모두가 사이버 범죄 예방의 전문가가 되어야 해요. 사이버 범죄에 작은 관심을 가지면 누구든지 전문가가 될 수 있답니다.

이 책이 여러분들을 사이버 범죄 예방의 수호천사가 되어 줄 거예요.

경기북부경찰청 사이버 수사대 수사관
박중현

MANGA DE WAKARU! SHOGAKUSEI NO TAMENO SUMAHO·SNS BOUHAN GUIDE
supervised by Narumi Sasaki, illustrated by Popoko
Copyright © 2022 Narumi Sasaki, Popoko
All rights reserved.
Original Japanese edition published by SHUFU TO SEIKATSU SHA CO.,LTD.
Korean translation copyright © 2022 by BLUEMOOSE BOOKS
This Korean edition published by arrangement with SHUFU TO SEIKATSU SHACO.,LTD.,
Tokyo, in care of Tuttle-Mori Agency, Inc., Tokyo, through Amo Agency, Korea.

이 책의 한국어판 저작권은 AMO에이전시를 통해 저작권자와 독점 계약한 블루무스에 있습니다.
저작권법에 의해 한국 내에서 보호를 받는 저작물이므로 무단 전재와 무단 복제를 금합니다.

초등학생이 꼭 알아야 할 디지털 매너
## 스마트폰이 생겼어요

**초판 1쇄 발행일** 2022년 11월 19일
**1판 3쇄 발행일** 2023년 12월 9일

**감수** 사사키 나루미
**한국어판 감수** 박중현
**그림** 포포코
**옮긴이** 문영은

**펴낸이** 金昇芝
**편집** 노현주
**디자인** 양X호랭 DESIGN

**펴낸곳** 블루무스어린이
**출판등록** 제2022-000085호
**전화** 070-4062-1908
**팩스** 02-6280-1908
**주소** 경기도 파주시 경의로 1114 에펠타워 406호

**이메일** bluemoosebooks@naver.com
**인스타그램** @bluemoose_books

ISBN 979-11-91426-65-6 (73500)

아이들의 푸른 꿈을 응원하는 블루무스어린이는 블루무스의 어린이 단행본 브랜드입니다.

* 저작권법에 의해 보호를 받는 저작물이므로 무단전재와 복제를 금합니다.
* 이 책의 일부 또는 전부를 이용하려면 저작권자와 블루무스의 동의를 얻어야 합니다.
* 책값은 뒤표지에 있습니다. 잘못된 책은 구입하신 곳에서 바꾸어 드립니다.